U0111812

大展好書　好書大展
品嘗好書　冠群可期

詠春拳

黃濤 編著

大展出版社有限公司

前 言

　　詩意浪漫的名稱，溫文爾雅的練法，凌厲辛辣的技術，這就是詠春拳。當年，葉問宗師挾詠春拳技藝赴港，短短數十年，詠春之花即開遍全球，並以不可爭辯的格鬥技能成為美國、德國、義大利、埃及、法國、比利時等數十個國家特種警察部隊的搏擊訓練拳種。目前，世界各地已有上萬家詠春武館，風靡全球，幾可稱得上「天下第一拳」。以致外國人以為功夫即詠春，詠春即功夫。當然這種說法是誇張了點。但作為中國武術走向世界的先行軍，詠春拳的確展示了其卓越不凡的丰姿和實實在在的戰鬥力。

　　未依賴官方組織的宣傳力量而全憑自己拳打腳踢而闖出一片天下的詠春拳，以小念頭、尋橋、標指三大系列，木人樁、八斬刀、六點半棍三個後補組成訓練體系。更摒棄了所有張牙舞爪、容貌猙獰的醜態，使整個訓練過程顯得輕輕鬆鬆，文文靜靜。就在這文質彬彬、飄逸瀟脫中，訓練出辛辣凌厲而可怕的身手。所以，它更受到文人雅士、秀女嬌娃的青睞。

　　以自然體力、自然體格就可獲得超群的搏擊能

力，這就是詠春拳的魅力之所在。

詠春拳不練什麼騎馬蹲襠、拍打丹田、舉石鎖等功夫；也不練那些玄而又玄的神功異術，更無點穴神功、發氣秘旨；亦無什麼追魂神掌、屠龍仙法，它只是一門實實在在的搏擊術。不附任何條件，不擇任何手段，捨棄藝術性、觀賞性，以制人爲唯一目的，以實用爲唯一宗旨。其簡潔、高效而科學的訓練手段，培養了無數能征善戰的拳法好手，可謂高手如雲，李小龍更是馳名中外。

冗繁削盡留清瘦。詠春拳法無花招，無巧勢，強調直接明瞭，以最簡單的方法、最短的路線、最快的速度，獲得最好的效果，給敵人以最嚴厲的打擊。在其訓練體系中，亦同樣體現了這一特點。

僅有小念頭、尋橋、標指、木人樁、八斬刀、六點半棍這6個套路，樸實而簡潔，辛辣而凌厲。以「黐手」爲靈魂貫穿詠春拳法的始終，力求盡可能精簡。其中軍主帥「小念頭」，融合了詠春心法、勁法、手法、身法、馬法及其諸多搏擊原則，如中線理論、朝面追形，來留去送，甩手直衝、攻守同期、消打同動等心法盡寓其中，而體現在形式上，卻不過十來個動作，且每個動作都是人體最自然、順手的動作，一般人只要半個小時即可學完，可謂簡單至極。而「尋橋」「標指」每路拳亦不過由十來式所組成，絕中之

絕的「八斬刀」「六點半棍」一爲八式，一爲六式，皆簡潔樸實，一學即會。

當然，冰凍三尺，非一日之寒，武技之道，若欲臻神化之境，同樣亦非數日之功。然比起那些動輒數十套拳路的拳種來說，足可稱得簡潔樸實、高效而速成的。正因爲如此，才能爲歐美數十個國家特種部隊所選用！

詠春拳有輝煌的過去，同樣詠春拳也會有更光明的未來。這就需要我們詠春同仁敢於打破固步自封的觀念，團結合作，攜手共進。在繼承發揚詠春拳的同時，深入挖掘詠春內涵精髓，在實踐中整理各自的練功心得與研究成果。做到繼承與發展的辯證統一，以利把詠春拳推向更高境界，爲中華武術走向世界作出應有的努力。

目　錄

概　　述

第一節　詠春拳的源流

　　關於詠春拳的起源有許多優美的傳說和歷史版本。而發展至今的詠春拳實質上是經過歷代詠春先師逐步發展完善而成。雖然有許多人認為詠春拳源自川滇邊區，流行於福建，而揚名於廣東佛山，但是由於文字資料的缺乏，有關詠春拳的歷史只在群眾中口頭流傳，再則就是野史小說的描述。

　　隨著時間的推移，說法就互有出入，故有關詠春拳的起源，一直都是眾說紛紜，沒有一個統一的說法。所以，在這裏我們只能將所得有關詠春拳起源的種種說法如實介紹，以供大家參考思索。或許透過我們的共同努力，最終能得出一個統一的、真實可靠的結論來。

　　關於詠春拳的起源，大致有這樣幾種說法：

　　有的說是始創於福建嚴詠春，詠春拳因此得名。嚴詠春是清中葉少林俗家弟子嚴四之女，她偶然看到蛇鶴相爭，受啟發而在自己原有的武功基礎上創編了詠春拳術。

　　還有的說法則認為詠春拳創始於五枚師太，見到蛇鶴相爭而有所悟的是五枚而非嚴詠春。五枚師太是清初的少林派弟子，有說她還是少林白鶴拳高手。由於福建南少林被清政府所焚，她為了避禍，隱居於川滇邊界的大涼山，因見蛇鶴相爭而創出詠春拳，後來便傳於嚴詠春。

　　另有一種說法是：五枚創詠春拳後，並非直接傳給了嚴詠春，而是傳給了少林弟子苗順，苗順傳少林俗家弟子嚴二，嚴二再傳女詠春及婿梁傳儔。這個嚴二就是前面所說的嚴四。

　　再一種說法是：詠春拳的創編與五枚師太或嚴詠春均無關係，更沒有什麼蛇鶴相爭，而詠春拳的前身應為泳春拳，是清初反清組織「天地會」的一種鬥爭的武技，為河南嵩山少林弟子一塵庵主所創。他（或她）首先傳給汀昆戲班的武生張五（人稱「攤手五」，據說有「一隻攤手獨步武林」之譽），張五後來落難來粵，落腳於南海縣佛山鎮大基尾的「瓊花會館」，便將詠春拳傳於粵劇界諸弟子。後咸豐年間李文茂起義，諸弟子為避禍而將「詠春拳」的「詠」字改為「永」「泳」。紅船中人黃寶華、梁二娣、大花面錦等人學得此拳，又再傳給在佛山筷子路開中藥店兼行醫的梁贊，此後梁贊將詠春拳發揚光大。

　　也有的說法認為詠春拳應為永春拳，得名於福建泉州少林寺的永春殿，乃當年進殿者所習的南派內拳法，全稱是少林永春，總教習是少林弟子至善禪師。南少林被焚，至善逃避到佛山，曾一度藏匿於粵劇紅船中當伙夫。後因在東莞打抱不平露出行藏，戲班中人便紛紛拜他為師。弟

子中有惠州人氏蘇三娘，為戲班中花旦，所學尤精，被人譽為「永春三娘」。後三娘將武功傳於紅船中人黃華寶、梁二娣等人，黃、梁又傳佛山梁贊，使永春拳得以在佛山發揚光大。

以上諸種說法，雖然都是各有所本，且盡皆言之鑿鑿，各自以為真實可信，但都不能說是盡善盡美、無懈可擊、可作權威立論。若從時間、地點、人物、歷史背景、現實情況等各方面仔細推敲，則上述諸說，均讓人有可覺疑惑之處。

有些言之過簡，難以辨真偽。如一塵庵主，說者就只有這麼一句話「詠春拳乃嵩山少林寺弟子一塵庵主所傳」，連性別都沒有講清。「嵩山少林弟子」，則似乎出身於嵩山少林寺，似應是個男僧；而「庵主」則屬於尼姑的專利，則似乎又應是個女尼。

再者，一塵庵主若果真是一個女尼，而五枚師太也是一個女尼，兩者是否就是同一個人物，也頗有思考餘地。可惜材料缺乏，無以考證。

有些則與歷史背景不符，失去存在的依據。如五枚師太、至善禪師，都說成是因南少林被焚而流亡外地的。但據當代歷史學家及武林界人士依據清宮檔案材料的考證，在清朝，南北少林皆備受朝廷恩寵禮遇。從順治直至宣統，都從來沒有發生過朝廷焚燒少林之事。火燒少林一說，是當時的反清組織「天地會」，為了煽動起武林人士的反清情緒而編造出來的。既然歷史真實並非如此，則五枚、至善逃亡避禍之說就難以成立，他們因此而創編了詠

春拳，並將少林永春殿的詠春拳傳播出去之種種說法，其可信性自然也很值得懷疑。

有些則與現實有出入，難以自圓其說。如說攤手五或是至善禪師，在紅船所傳的本是叫永春拳，後因咸豐年間粵劇藝人李文茂起義，遭受清政府鎮壓，連及「瓊花官」諸弟子。為了掩人耳目，門人乃將所習之永春拳改名為泳春拳或詠春拳。也就是說，永春拳與泳春拳、詠春拳應是同一拳派的不同稱呼。

但據考證當時的事實是，詠（泳）春拳流傳之時，永春拳依舊公開流傳於世，兩者並行不悖。難道一部分人因避禍而易名，而另一部分則無需避禍？這似乎是說不過去。且今天的永春拳與泳、詠春拳，雖然其音相近，但卻各自有不同的武學內容與訓練系統，實乃兩個不同的拳派，不能相混。

其他如嚴詠春這個人的種種傳聞，實在也頗有斟酌的餘地。若果真有其人，則她生存的年限就很值得考究。若說她是五枚師太的傳人，則她起碼是雍正、乾隆年代的人。但另有一說，梁贊曾遵其師黃華寶之命，往福建尋嚴詠春繼續深造，苦學三年，始回廣東，那麼嚴詠春當一直活到咸豐、同治年代。若說嚴詠春既學藝於五枚，又傳藝於梁贊，則她便跨越雍正、乾隆、嘉慶、道光、咸豐、同治6個朝代，起碼活了150～200歲，這當然也是不可能的。所以嚴詠春是否確有其人，她生活於哪個朝代，就很有必要弄個清楚。

總之，上述種種說法，只能給後人留下一個有待揭開

的謎底。

　　詠春拳的起源之所以有種種不同的說法，原因當然是多方面的。但人們對詠春拳的崇拜、敬仰，當是其中一個重要的原因。出於崇拜心理，人們往往不滿足於一般平凡的說法，總喜歡為所崇拜的東西找一個不平凡的出處，把它傳奇化、神話化，再加上口頭傳說中的不斷加工、創造，於是越說越多、越說越玄，與歷史真實距離越來越遠，終至面目全非，各持己說。人是如此，物是如此，古今先賢、帝王將相，總有不平凡的出處。所謂「不凡之子，當異其生」，這是咱們中國很有趣的一種歷史現象。有關詠春拳起源的種種不同的說法，大概也是屬於這種現象，歷史就是這樣活在人們的口中。

　　詠春拳起源之謎，恐怕將永遠是一個無法解開的歷史紐結。讓諸種說法並存，讓它們一代一代流傳下去，給人們留下一定的神秘感，讓人們去思索、去想像，也未必不是沒有積極意義的。

　　在詠春拳的門人中多主張第二種說法，即詠春拳創始於五枚師太，然後傳於嚴詠春。

　　筆者目前得到的一種最詳細的說法如下：

　　詠春拳派始祖，為五枚師太。此拳創自女流，外在風格似婉約嫺靜，實質卻是一套十分講求技擊效能、殺技凌厲的實戰拳法。

　　故事須從火燒少林寺說起。當時清兵入關，大肆殺人放火，強迫男人一律梳著「陰陽頭」，把頭髮的前半部分剃掉，後半部分辮成粗長的髮辮，加深了民族矛盾，再加

上大漢族主義的思想，滿人統治中國，建立清朝，一時各地漢人反清復明的情緒高漲，在民間秘密聯絡組織各種力量和清廷對抗。因此，朝廷大力剿滅民間的反清復明組織。

一日，泉州少林寺至善禪師在東嶽山腳發現一個小乞丐昏倒在地，將其收留救入寺內，成為南少林的俗家弟子。這個小乞丐叫做馬寧兒。馬寧兒吃得苦，練功沒的說，在少林寺的俗家弟子中武功排名第七。但平時愛偷吃，時常被至善禪師教訓，後來發展到和寺外一些不三不四的人結做狐群狗黨，吃喝嫖賭無所不會。

至善禪師發覺後，按照寺規嚴厲責罰，告誡他，若再不改，逐出寺門。馬寧兒看苗頭不好，偷溜出南少林，到官府說南少林有反清復明的組織。本來，清朝康、雍年間，朝廷要徹底消滅反清復明的秘密會社，一聽說南少林與反清復明的組織有關係，便派兵前往剿滅，火燒南少林寺，讓名噪一時的南少林一夜之間化為灰燼。

當時，身在南少林的五枚師太從寺中逃出後隱居於川滇邊境的大涼山白鶴觀內修行。閒時習武並收授庵內尼姑為徒。五枚雖然未如其他男性同伴一樣矢志報復，但她仍是耿耿於懷。然而，令五枚師太最擔心的，卻是這馬寧兒的少林武功。她深知馬寧兒的武功不弱，如今她尚能戰勝一般人，只不過是靠自己多年苦練積累的功力，但難保年紀老邁或人家身手精進時還是他們的對手，尤其要打敗內力雄渾、身材健碩如馬寧兒這樣的男性，女性要吃虧得多。五枚認為，唯一的方法便是思量一種更奇妙的功夫。

她心目中理想的新功夫，最好能處處針對原有少林拳技的弱點，卻又適合女性。

五枚師太常往來於群山秀水之間，偶然看到一場別開生面的打鬥，激發靈感，因而悟化出一套長於打鬥的拳技，創出這套嶄新而實用的拳術。打鬥雙方並非人類，而是兩種動物——一隻伺機待發的鶴及一隻尋隙偷襲的蛇。也有人說五枚師太是因為目睹「蛇鶴爭鬥」才創出詠春拳術來的。

在廣東省有一戶姓嚴的人家，戶主嚴二，曾是少林俗家弟子，但淵源不深。嚴二妻子早逝，只遺下一個女兒，取名「詠春」。嚴詠春自幼由父母做主，許配予福建鹽商梁博儔。但不久嚴二因事被人誣告，為避官府通緝，唯有攜詠春遠走他鄉。逃至人地生疏的川滇邊區大涼山腳，嚴氏父女才覺鬆一口氣，於是安頓下來，開了一家豆腐店，生活倒也算安定。嚴氏父女因豆腐做得好，連居於山上的五枚師太也常常下山來購買，由此，漸漸變得熟悉起來。

不料，此地一名黃姓土豪經常上門欺負嚴氏父女，他貪念嚴詠春的姿色，派人來強行說親，並要挾他們說，如不定期過門，將會對他們不利！此事被經常來買豆腐的五枚師太得知後，五枚見義勇為的俠義心腸油然而生。但由於自己的秘密身份，不便公然拔刀相助。她只好帶走了嚴詠春，並讓嚴父極力拖延婚事。

嚴詠春從五枚師太處學藝歸來後同意嫁給黃姓土豪。不過嚴詠春提出了一個條件：若要娶她，除非將她打敗！令周圍的人大感詫異，都為她擔心。黃姓土豪力大如牛，

曾學過三兩招式，同鄉人都畏懼他的身手，無人敢跟他較量。如今漂亮而體態婀娜的小姑娘竟提出這個「荒唐」的條件，他真想樂得掩口大笑。可惜「荒唐」的並非嚴詠春的條件，而是比武結果——壯碩如牛的大漢，竟然被嬌小玲瓏的小姑娘三兩下擊倒在地。當著眾多圍觀者的面，黃姓土豪無話可說，只得答應從此不再騷擾嚴氏父女兩人。也算這土豪守信，據說從此再無事發生。

嚴詠春較技後，繼續跟隨五枚苦練這套「可戰勝強敵」的新創拳術，至技成為止。五枚隨後雲遊四方，在臨行前交代詠春將這套拳技好好練習，並「嚴守宗風」，切勿隨便外傳。後來，詠春做到了這一點，她並沒有將這套「武技」外傳，只不過傳給了自己的丈夫梁博儔！

嚴詠春的父親嚴二去世後，嚴詠春與丈夫梁博儔移居廣東粵北南雄縣，並將詠春拳法傳授給梁博儔，因此其夫盡得詠春之所傳。此為詠春拳之第二傳。以後嚴詠春病故，梁博儔就在南雄縣設館授拳。為懷念愛妻之恩，梁博儔遂將五枚拳改稱為「詠春拳」。也就是說，詠春拳創於五枚，命名始於梁博儔。

佛山粵劇紅船的瓊花會館中，幾位梨園弟子黃華寶、陸錦（大花面錦）、高佬忠等隨紅船戲班上南雄演戲。酷愛粵劇的梁博儔每當戲班上演必前往捧場。黃華寶主演的關雲長忠肝義膽、大花面錦的張飛扮相武風凜凜、高佬忠的劉備義薄雲天，感動了台下的梁博儔，萌生與三人結交之意，一回生幾回熟，再經有心人撮合，梁博儔與黃華寶、大花面錦、高佬忠一見如故，博儔因與紅船中人友

好，並常與其友梁蘭桂、黃華寶及梁二娣等飲酒論技。博儔將詠春拳與華寶等人交換紅船之名技六點半棍。以後梁博儔更將黃華寶、大花面錦、高佬忠收為入室弟子。由於梁博儔無子女無牽掛，毅然隨紅船戲班南下，定居於廣州。在梁博儔隨紅船漂流期間，黃華寶他們更日夕鑽研，苦心練習，不兩年已盡得詠春拳奧秘了。梁蘭桂、黃華寶及梁二娣等可稱之為詠春拳派之第三傳。少林六點半棍更為習詠春拳者必修兵器之始也。

此時的詠春拳功技系列的拳、棍、刀、樁功法已臻完善。

第二節　詠春拳的傳承

日後黃華寶將詠春拳技傳授給戲班好友梁二娣。梁二娣得技後又將拳技傳給鶴山縣古勞鄉人士梁贊。在黃華寶五十壽辰之際，梁二娣攜徒梁贊前往祝壽，梁贊因此結識黃華寶。黃華寶對梁讚賞識之餘，更將梁贊作為關門弟子納於門下。

梁贊（1826—1901），原名梁德榮，廣東鶴山古勞人，只是世居佛山。是中國晚清著名武術家，人稱「詠春拳王」。

梁贊父親在佛山筷子街贊生堂經營中醫藥材及跌打醫館，精通岐黃醫術。梁少年時便喜愛習武。其父曾廣聘名師為他傳授武功，涉獵甚廣，但並未令其滿意。喪父後，梁贊開始在店中行醫，深為病家稱道，人們慣稱他為「佛

山贊先生」。18歲時，梁贊先師從紅船子弟梁二娣學習南少林拳術。後梁二娣將梁贊引薦到亦師亦友之黃華寶門下。黃華寶亦是古勞人，與贊是同鄉。自隨華寶習詠春以後，他即感到詠春拳在法度用力、身型和手法上，無一不是上乘之法。

梁贊約於1870—1890年在贊生堂內收徒授拳，將其畢生所學重新整理。然而，梁贊並不公開授徒，始終以行醫為業，因店務纏身，他只收了幾個關門弟子，未能廣授徒眾，所以並未令詠春拳盛極一時。能得其真傳者，除其二子梁春及梁壁外，僅陳華順公一人而矣。梁贊六十多歲後，兩個兒子梁壁、梁春皆有工作或已經離開佛山，不能接替父親的生意，唯有將贊生堂轉讓給他人並改名杏濟堂。梁贊退休後返回古勞。

據說梁贊返回古勞之後，閑來亦有授拳於鄉間小孩。

詠春拳自梁贊先祖傳入佛山至今一百多年，造就了大批武術英才。歷代傳人中不乏佼佼者，他們播下了詠春拳的種子，門人遍及世界各地，使詠春拳這一古老拳種盛名於世界武林。近年，海內外不少詠春拳愛好者到佛山「尋根」，尋找名師們的遺跡，追尋詠春拳的真諦……過去，史書記載拳師事蹟甚少，以下的人物介紹，是根據有關資料和走訪名師後人綜合整理而成。

陳華順（1849—1913），享壽64歲。順德杏壇東馬寧人，順德出生，後居佛山，以找錢為業，綽號「找錢華」。身材高大，臂力驚人。因華公之找錢事業，常經過贊生堂，由於他知道佛山贊先生的比武事蹟，時常從門縫

裏偷看自學。終於在39歲時追隨已經62歲的贊先生學習詠春拳。贊先生去世後，華公（於1901後）於蓮花地大街缸瓦店內教授詠春拳術。然而詠春授拳之法與一般少林拳術不同，因它需要透過長期過手之練習，而過手之最佳練法，需由個別教授，故未容多教，因此華公收費頗昂，遂未為一般人士所能負擔，而能學者，多為貴家公子，當時有「少爺拳」之稱號。故在華公時期未能廣泛流傳。華公於1901—1907年間授拳，傳人共有16人。而能得華公之技者，有吳仲素、何漢侶、雷汝濟、其子陳汝錦及封門弟子葉問。1913年陳華順中風病逝。

吳仲素（188？—195？）。其父於佛山開設缸瓦店，家境頗為富有。因為工作方面需要找換錢幣，故與陳華順成為好友，並經常在經濟上資助陳。隨後（1901年後）吳父將缸瓦店交付於陳華順，並將仲素與仲素兄小魯一同托於陳華順。為答謝吳父，陳華順在照料二人的同時亦不惜將本門功夫悉心盡傳，此二人便成為陳華順兩名首弟子，故人稱吳仲素為二師兄。此後陳華順在鋪內正式開始授徒。吳仲素經數年苦練，技藝大成，成為陳華順衣鉢真傳之人，並代師授拳於小師弟葉問。

民國初年，吳仲素在古路頭街開設武館，投其門下多是富家子弟，如合記盲公餅東何兆初，跌打名醫李壽彭，「大益」五金店東張升若，李眾勝堂少東李賜豪，英聚茶樓司庫梁福初。當時佛山名重一時的「詠春三雄」阮奇山、姚才、葉問也常到其武館受其點撥以及切磋拳技。吳仲素生平喜廣交武術界的朋友，為朋友揮金如土，義氣甚

重。晚年逝前數年，生活已是相當拮据，幸得眾多門徒合力資助維持，得以頤養天年。

陳汝棉（1884—1942），出生於佛山，順德籍。8歲時始隨父親陳華順習詠春拳，由於自幼耳濡目染，加上數載勤學苦練，陳汝棉很快便有相當根底。技成後，在佛山西便巷「陳氏宗祠」開設醫、武館授徒兼醫治跌打傷科。因拳法出自其父，故求技者眾多，除傳子陳家新、陳家廉外，詠春名師區康、招就等皆出其門下。1932年後陳汝棉到廣西梧州設館，掛匾曰「佛鎮陳館」，後又在貴縣廣收門徒，其拳法拳技為人稱道，時人稱「兩廣陳汝棉」。民國三十一年（1942年）病逝，享年58歲。

阮奇山（1887—1956），世居佛山朝觀裏，其父阮寵明是民國初年永安路從事化工顏料業的富商。阮奇山排行第五，人稱「阮老楂」。他自小生性頑縱不羈，酷愛武術，其父不惜以重金，先後禮聘詠春武術名家郭寶全、馮少青為其兄長阮濟雲及阮奇山教授拳技，二人數載勤奮，技乃大成。尤以被後人稱為「佛山阮老楂」的阮奇山成就為大，他天資聰穎，在研習拳術中懂得科學地融會貫通，將詠春門的拳、樁、刀、棍等功技挾於一身，與葉問、姚才被門人譽稱為「詠春三雄」。生年僅傳技於摯友張保愛徒岑能及記名弟子黃精。其傳人在世界各地將詠春拳發揚光大，源出阮奇山一脈為數不少。1956年阮病逝於廣州，享年69歲。

姚才（1890—1956），祖籍寶安縣，世居普君墟安天坊，世家弟子。其父姚九枝在黃傘巷（今福賢路）開設

膏、丹、丸、散中成藥店。姚才人稱「大力才」，其腕力驚人，能單臂伸直將一籮穀用繩吊於手腕之上而輕易舉起。他自小好慕武術，拜阮濟雲門下學詠春拳，在師父精心培養下，經十載苦練武技大成。

及後，其師阮濟雲往安南（越南）傳授詠春拳，他賞識姚才是練武的好材料，故領姚到吳仲素武館深造，其時阮奇山、葉問也常往吳武館請教，三人常交流切磋，郭寶全曾二度到佛山，姚才除傳子姚祺外，徒弟有高滿、姚錫、霍超、林瑞波、吳日明等。

葉問（1892—1972），佛山桑園葉氏家族人。葉家為佛山望族。葉問幼時天資聰穎，然體弱多病，當年佛山詠春拳宗師梁贊的弟子陳華順（找錢華）租用葉問家宗祠設館授徒，葉問因年幼體弱，便有幸拜陳華順為師，學習詠春拳術。而華公以其聰穎過人，勤奮好學，故經常親自教授，而吳仲素則從旁協助，常與葉問過手，將詠春拳奧妙逐一指點，葉問因而武技大進。可惜華公染病不起，彌留之際，囑咐吳仲素繼續教導葉問及其子汝錦。

1913年陳華順中風病逝。葉問隨吳仲素苦練三年，比前更大有進步，時年不過15。翌年，葉問奉其父命來港就讀於聖士提反學校，在此期間，得同學介紹，認識梁贊先生之子梁壁，並隨梁壁修練詠春拳術，盡得其學，且技更大進。1949年，57歲的葉問離開佛山赴香港定居。此後二十多年裏，他先後在港九飯店職工總工會、九龍汝州街、李鄭屋村、通菜街等地設館授徒。

葉問在社會上和武術界很有威望，跟其習武者遍及社

會各階層，其中不乏外國留學生。1971年，葉問弟子成立
了「詠春體育會」，集教授、研究、交流詠春拳術為一
體，並以此為中心，將詠春的種子傳播至世界。經二十餘
年的苦心經營，葉氏門下高徒輩出，特別是憑著非凡的中
國功夫揚威世界的李小龍。

張保（1899—1956），原籍四會鄧村，世居佛山。早
年曾師從中山縣一出家人習武，後隨佛山詠春拳師韋玉笙
習拳兼學跌打正骨術。張保從業於佛山天海茶樓點心部，
任點心師傅兼茶居行「會義」館武術教頭，常在「會義」
館、先鋒古道「洪聖廟」及居家中傳授詠春拳技。張與阮
奇山為摯友，二人每有閒暇便切磋拳術，技藝日臻神化，
成為一代名師。在眾多的弟子中，得意門徒有岑能、黃吉
泉、梁德源等。1956年張保因病逝世。

黎葉篪（1901—1968），原籍南海小塘，父輩落籍佛
山。其父親在佛山經營油糖粉麵、火水、故衣，家財頗
豐，宅第在朝陽街。黎自幼體弱，早期曾師從陸蘭官學
藝，13歲拜陳華順之徒雷汝濟學詠春拳以防身強身，又隨
師學習跌打醫術。經三十多年刻苦練習，拳技日漸精湛，
40歲開始授徒，門徒有勞華、勞煊、揚德、許三珠、霍潤
芝等。黎為人寬厚，武德純良，過去學詠春拳者大多為富
家子弟，而其所授之徒多為搬運、打棉胎的普通工人，他
待徒如子，授拳從不收分文；他善收藏古董，不少英、日
商人欲向他購買出境均不允，並於1956年向市博物館無償
捐贈了珍貴文物3件；新中國成立後在市二運公司工作期
間，看到搬運工人常扭傷手腳，他獻出雷汝濟秘傳跌打藥

方，並自製「刀傷散」散發給南海小塘故鄉的農民兄弟；土改前夕，將南莊田畝產業悉數獻出。

招就（1902—1968），南海縣朗邊鄉人，富家弟子。少年在西便巷師從詠春拳名師陳汝棉習拳，抗日戰爭後在筷子里「眾義」館任主教，後往中山石岐太平路設館授徒，兩地門徒計有一百多人，得意弟子有彭南、區康、招允、梁日星、朱國現等。

招就平生癡愛習武，由於生活無憂，全部精力、時間皆用於練武授徒，除潛心研習詠春拳、刀、棍、樁法外，還熟習五節鞭、七節鞭、齊眉棍、單刀、雙鐧等多種器械。一次在中山八區演示棍法，鐵棍重達70斤，而招就舞來出神入化，呼呼生風，令在場觀眾目瞪口呆，歎為觀止，表演結束後，百多位漁民、農民觀眾隨即拜其為師，一時傳為佳話。招就1968年病逝於佛山。

彭南（1911—1995），祖籍花縣，世居佛山，因右臉有巴掌大黑痣，人稱「黑面南」。13歲習武，跟從的師父有甘珠、梁世蘇、伍文龍等。36歲時隨詠春名師招就習技，後又虛心請教於詠春拳師黎葉篪，並盡得其真傳。其精湛的武藝在珠江三角洲一帶享有聲譽。晚年熱心於佛山的精武事業，積極參與對佛山武術的挖掘，整理出詠春拳的拳譜、木人樁譜等，為後人留下珍貴的武術資料。1994年榮獲「廣東武林百傑」稱號，門徒有彭樹松、彭樹藻、陳樹藤、邱隆興、倫夥、韓廣玖、甘家康等。

岑能（1926—2002），出生於秘魯，5歲時其父在秘魯病逝後，應祖母之命返回故鄉南海深村鄉仁和村。12歲

時家道中落，經人介紹到佛山天海茶樓點心部當雜工，因工作勤快，深得點心師傅、詠春拳師張保器重並收其為徒弟，授以詠春拳技，又推薦岑隨韋玉竹學習醫術。岑習武刻苦，悟性頗高，為張保摯友阮奇山所賞識，張保力薦岑能於阮門下，阮將自身武技悉數盡傳。岑能將二位師父長處融為一體，年紀雖輕，然武功精湛，18歲時在深村鄉已是名聲大噪。1948年因生活所需到廣州謀生，在廣州大德路開設醫武館，主教多年，桃李甚多。其醫館主治跌打傷科，因醫術高明每能妙手回春。1984年代表省體委參加全國民間武術匯演表演詠春木人樁，名揚京華，飲譽神州，國內外前來求學者極一時之盛。1989年岑能在廣州成立「岑能詠春拳會」，如今，廣州地區習此拳者數萬人，岑能生前也常年應邀到美國、澳洲、秘魯等地授課、授拳。

李小龍（1940—1973），祖籍佛山。原名振藩，粵劇名家李海泉之子。幼年因體弱而拜名師葉問習詠春拳術，18歲往美國留學，畢業後在美國西雅圖開設「振藩國術館」傳授中國武術。期間他悉心研究、吸收中外技擊精華，創截拳道。1971年返港從事影視業工作，拍攝了多部轟動世界影壇的中國功夫片，從此中國武術名揚世界。其本人也被譽為「功夫之王」，他早年所習的佛山詠春拳也因此在世界各地大受歡迎。1973年在港突然逝世，年僅33歲。

如今，詠春拳已發展成為世界上流行最廣、影響最深的拳種之一。目前世界上有五十多個國家和地區設有詠春拳館，世界上有數百萬人在學習詠春拳，每年都有數十萬詠春拳愛好者前往香港、佛山參觀尋祖，探求詠春之真諦。

第三節　詠春拳的理論心法

詠春拳從冷兵器時代走到今天，在泰拳、散打鼎盛的現代社會，仍受到大家的追捧，不可小視它獨有的拳學理念和價值。

詠春拳學理論心法堪稱詠春體系的基石，在歷代先輩對詠春拳的研究與實踐中倍受重視。詠春拳的理論心法需要練習者結合實踐去體悟。「滴水穿石」，若能持之以恆，武技必將達到出神入化之境。

詠春拳心法歌訣：

> 來留去送，甩手直衝；長橋短打，以形消勢；
> 落馬攤腰，移步救手；盤橋漏打，指必摸橋；
> 落空失午，就勢朝形；能悟此理，妙用無窮。

以上歌訣是對詠春拳理論心法的一個概括和總結。筆者不擇淺陋，結合以上歌訣和自己的練習心得，將詠春的理論心法簡述如下：

一、來留去送

「來留」是指實際搏鬥中，將對方向我擊來的進攻動作，我們除了進行有效的防守外，最好盡可能將其留住，利用詠春手法予以控制。

「去送」者，當敵方強力向我們擊來，我們利用手法改變擊來之力的方向，令其攻擊不能擊中我們，並且施力

於對方的肢體，使對方動作向改變後的方向運動，以期讓對方失勢或招式用老。

二、甩手直衝

「甩手」者，是當對方與你在實戰中橋手相接時，突然將相接的橋手撤去。無論對手相接的橋手向任何方向運動，你只要感覺到對方撤手，就以最快速度第一時間發招衝出，直攻敵方距我最近的目標，此為之「直衝」。「甩手直衝」係由黐手鍛鍊而成，並非一朝一夕可以做到。

三、朝面追形

詠春拳在實戰中主張由敵我雙方的中線發動攻擊。因此，詠春拳練習者在實戰中時常與對方的身體保持面對面的狀態，這樣便於進行中線攻防，我們把這種面對面的狀態稱之為「朝面」。

若沒有維持在「朝面」（如對方身體朝向其他方向）的狀態，詠春拳仍然從自身的中線位置向對方的身體中線發起進攻，如此為「追形」。

四、打手為消

詠春拳要求練習者在實戰中以積極的進攻來實現防禦，亦稱「打手即消手」。

面對敵人的進攻時，一味地防禦無法讓你獲得勝利，只會讓你時刻籠罩在危險之下。你只有一個最佳選擇，那就是打倒他，將其制服，你才會獲得安全。

五、神形合一

「神」即意識，「形」指身體運作。「神形合一」意即思想意識與身體動作高度協調一致。如詠春拳「截神截形要求」指出，發現對方有攻擊意識瞬間予以攻擊為「截神」；對方攻擊動作完成前瞬間予以「截形」。

「截神截形要求」必須在具備「神形合一」的基礎上方有可能完成。牢記「神形合一」心法，於鍛鍊之際多多用心體會，實為捷徑之一。

六、精簡短距

時間第一，時間決定實效。最好的招式就是以最簡捷的動作，在最短的時間內完成最直接的攻擊，而且能夠兼有攻擊及防守的效果。

我們不論是攻擊對方還是防禦對方的攻擊，均應按照最短距離、最簡單動作的要求去完成。比如用中線衝拳直擊對方面部，就比從己方肩外弧線發拳攻擊對方面部獲得更高的速度與準確性。

七、埋肘理論

詠春拳出手或防守大多數是手肘緊貼著自己身體的中線，這樣可以讓我方佔據中線位置，以達到最短的距離攻擊對方。同時，詠春拳出手後（不論是攻或守），手和手臂均不再蓄力，手肘屈曲回落在身體的中線。這樣除了有利於自己同一雙手能立刻再作攻擊外，在防守方面也使敵

方難以攻擊我方上半身要害部位。

八、守攻同期

守攻同期是指幾乎在破壞對方攻擊的同一瞬間內反擊對方。當我們防守對方的攻擊時，在可能範圍內我們應同一時間發招攻向對手，這樣將會由被動變主動，達到後發制人。

九、左右兼顧

是指雙手在實戰中一守一攻、相輔相成。如對方衝拳擊來，我以左手拍手防守對方進攻的同時，用右手衝拳攻擊對方。

十、不消過籠

詠春拳消手以能消除對方來手的進攻而不超過防守所需範圍為原則。對方來手若不可能擊中我們，我們則不需要運用任何消法防守其進攻。不消「過籠」可以減少氣力和時間的消耗，反擊敵人也會更快。

十一、不追手

追手就是指離開防守所需範圍來追著去接觸對方橋手。詠春拳擅長橋手相接後的感覺和反應。所以初學詠春拳者很容易下意識地犯追手的錯誤。若對方橋手不在我方的防守範圍之內，我們不要追著去接觸他的橋手，反之應該趁機向敵攻擊以求擊敵制勝。不追手是指力求主動攻擊，不做無效防禦。如對方將動時，你有機會即可出手直

接擊打，不要等對方出手後消手再攻擊對方。

上述文字旨在講述詠春拳的特點，我們將在第二章中將詠春拳的拳學理念進行細化，結合技術分析和講解來深層次地展現詠春拳的拳學魅力。

第四節　學習詠春拳的方法

當你看到這個標題時，並非筆者故意矯情，學習武術不同於我們學習英語、繪畫等科目，畢竟它們之間有太多的不同。武術最大的特點就是在健身的同時還可以防身，可以應付突發的暴力事件。

可能有許多的朋友認為，武術嗎？拼命練就行了，不是有句話叫做「冬練三九，夏練三伏」嘛。畢竟這句話是透過藝術誇張的，不能反映學習武術的根本方法。

一、何為詠春良師

能夠針對不同水準的弟子來教授不同層次的技術，這本身就需要良好的溝通技巧和豐富的學識。此外，師父還應該積極地鼓勵弟子就他們所學的內容提出詢問和質疑。師父決不能因為只是別人告訴他這麼做，或者是因為傳統上都是這麼做，就去照葫蘆畫瓢教弟子做這件事。同樣的，師父也決不能因為「這是秘傳」而敝帚自珍。

如果弟子提出一個問題，那麼師父應該考慮到弟子的理解能力，以一種清晰而準確（如果可能還應該有科學依據）的方式回答。不應該以帶有濃重神秘色彩的語言和晦

澀難懂的話語來混淆視聽，也不應該像某些人鼓吹的那樣，拳腳相加！這種態度即便不是完全的欺騙，至少也是毫無助益的。

師父應該因出色的教學能力而受到尊重。弟子要關注的不是師父的種族，不是師父有多強壯、有多快，甚至也不是師父的技藝有多精妙，資格有多高，而是師父能不能很好地把技法傳授給徒弟。

一旦弟子學會了一種技巧，那麼對他們來說，把理論解釋給初學者或者與初學者進行練習，通常是一個不錯的主意。這不僅能夠鞏固他們對這部分知識的理解，還有助於為他們將來成為一個好師父打下基礎。

很多武術家都被披上了神秘和爭議的外衣，這對於任何想要學習的人來說絕無助益。詠春拳並無秘密，只是不同的詮釋而已。

二、傳統與改良

對於任何武術來說，當我們從師父那裏學會了技法之後，隨著水準的提高，我們會開始發展出自己的個人風格。最終我們的風格可能與師父的大相徑庭。這是因為我們具備獨立思考的能力。創新是正常的、健康的，也是所有武術的性質。如果沒有變化，生活將會索然無味。

只要我們不違背為這種拳法制定的基本指導方針，就沒有任何限制。有著不同意見的人應該能相互溝通和討論，最好是透過黐手之類的練習手段，而不是爭吵和打鬥來進行。打鬥，不管是在籠子裏、擂臺上，還是在街頭，

無非只能證明一件事：一個人可以在打鬥發生的當時當地所處的環境下打敗另一個比你弱的人，而自身水準並沒有實質性提高。

不同派系（和拳種）之間的友好的相互交流才是對各方均有助益的。透過這一過程，弟子可以學會應對更加多變的環境，適應不同流派運用技法和力量的各種方式。

當然了，有的人永遠也無法理解另一個人的觀點，但是一個人不可能永遠都是對的，而其他人也不可能永遠都是錯的，有時兩個人都是對的，只是理解的方式或水準不同而已。

三、用正確的理論指導實踐

從實踐到理論的總結，再從理論到實踐的學習是人類認識自然、創造自然的科學方法，詠春拳經歷代詠春先師反覆實踐，已總結出一整套完整的理論體系，如「來留去送、朝面追形」等等。這些理論是詠春先師智慧與經驗的結晶，蘊含著深邃的哲理及實用價值。

我們透過對詠春拳內涵的深入實踐與研究，運用現代運動生理學、物理學等相關學科來詳細講明詠春的原理，學拳貴在明理，得其拳中真意，才能有規可循，學習效果方能事半功倍。而且明瞭拳理後，就會對所學拳術充滿自信，產生濃厚的學習研究興趣，興趣產生的動力可推動我們對詠春拳技的逐步提高，明白拳理後，就能避免初學拳時走入誤區所產生的不良習慣，在拳理指導實踐中培養出正確動作定型的條件反射能力。所以，學拳先明理是走向

拳學成功的首要條件。對於詠春拳的理論及心法將在另一節介紹，這裏從略。

四、立足於實踐

學習詠春拳時既要對詠春拳理要領有透徹的理解，更要對各樁式、身法、步法、招式作反覆的對比，明白各自的要領與作用，透過反覆對比理解，你會明白最簡潔實用、樸實無華的東西反而蘊藏高明的內涵，不切實際的花招卻毫無實用價值。

搏擊是一門講究實際體認的學問，來不得半點虛假。所以要把學習理解的內容在實際中不斷體驗，知行合一。實踐是檢驗真理的唯一標準，要在實踐中總結出自己的優點、缺點，然後回饋到練功中去加以修正，不須多久，正確的實戰能力就會滲透到您的潛意識，帶您走向成功。

五、根基務必要紮實

詠春拳是一門男女適合、老少咸宜、攻防俱備、功效顯著的拳術。詠春拳術注重防衛，穩重靈巧。它拳快而防守緊密，馬步靈活，移動迅速，攻守兼備，體力消耗小。詠春拳的防護方法是短橋相接，連消帶打，來留去送，甩手直衝，多以前臂接觸對方，化解對方的力量，而進攻時則義無所顧，講究寸勁。學習詠春拳要先求形似，再求神似。即先求動作工整準確，放鬆慢練，不要一上手就求打出寸勁的力道而肌肉僵硬，馬步虛飄。待動作熟練後，有所體認，再加入念力（即意念，內力）練法，以求提高，

並最終形成自身的風格。

要點在於入門拳套小念頭，此套路短小精悍，易學易練。但所擔憂者，初學者切不可因其簡短易學就輕視之，比葫蘆畫瓢，不求甚解，閉目自欺。相反，正因為其短小易練，更適合初學者練習，且不會耗時太多，方便你逐漸加碼，提高運動量。

小念頭的每一招式均有其實用方法，學者更要認真體悟，每一動作都不可馬虎，要精益求精。為將來練習更高深的詠春拳術打好堅實基礎。

六、堅持不懈，功到自然成

這一條看似簡單，但對於學習功夫的朋友來講，卻是第一重要的。沒有堅持就沒有量變到質變的過程，就沒有最終的收穫。恒心是練武必備的品質，如果你做不到，什麼真傳、名師，對你來講都是一場空。

學拳練功的根本目的在於訓練出實戰的能力，即培養一種在較技時不需大腦思考的本能反應及動手能力。

實戰的能力不是一種單純的能力，不是掌握了某一項單項能力就可完成的，它是多種能力的綜合運用與體現，是對練習者反應速度、力量、心理素質、動作熟練程度等能力的綜合考驗。所以必須科學安排各項能力練習在鍛鍊中的有機程序。實戰的各項能力也不是短時間就能體會把握的，其需要時間的積累，意識的逐步滲透，神經、肌肉細胞的反覆體驗，最後達到根據實戰情況自由動態組合各項能力的境界。

　　詠春拳學以培養實戰能力為核心去構建訓練體系，從內勁的培養，到攻防能力的提高，再到發力能力的體現等程序是要一步一步按照科學的鍛鍊方法而獲得的，讓各項能力在循序漸進的學習體悟中有效增加，然後形成實戰的綜合運用能力。

七、從整體出發看局部

　　任何拳術都有其富有個性的肢體表現形式，但任何拳術的終極目的都是一樣的，那就是求得整體，整體的力量和整體的協調及整體的移動。而為了達到這一目標的所有功法和招式，都是渡河之舟，是在達到整體後必須捨棄的東西。說到這裏，需要強調的一點是，雖然你很容易地理解了形式與內容的關係，但是你卻不能因此就不重視形式，以為可以由某種途徑來直達內容，從而省卻形式的練習階段，並自詡為捷徑。

　　其實不然，對於一個初學者來講，形式上的正確往往比內容更重要，所謂先求形似再求神似也。因為神似也就是內容往往蘊含著很多初學者無法理解的東西，或者是理解了也無法做到的東西。因此，初學者必須透過形式來取得將來達到神似的能力。

　　有不少人喜歡用「真傳一張紙，假傳萬卷書」來形容自己的東西是多麼的珍貴。其實大不列顛全書以及四庫全書從來就沒有人說他們是假傳。而如果哪位師父拿出一張紙，給你寫上一句話，你就能得道成仙嗎？所以說，真傳還是假傳並不在於說話的多少，他要根據接受對象來談。

他不理解，你當然要多角度、反覆地為他講；他一聽就懂了，你又何必費話？

李小龍一生的感悟是：以無法為有法，以有限為無限。這不正是教導人們，形式是通往內容的必經之路，你必須大步向前，而不要夢想一躍而至，但是你更不能總是低頭看著腳下的路，卻失去了你的方向。

詠春拳練習時多為上肢的運動，特別是在練習小念頭的過程中，馬步基本不動，但練習者切不可忽略了下肢，丟掉了整體，使拳術在上下分離的狀態中進行，那樣是練不好詠春拳的。

按照圖書學習的時候，書中的圖像都是靜態的，不可能像電影那樣看到流動的圖像。但您知道電影其實也是無數靜態的圖片透過快速的運轉放映，利用人的眼睛視覺暫停保留的功能產生出動態的效果。所以我們學習時千萬不要盯著一張圖片過長時間的凝視，而應把每一個招式的幾個動作當作一個整體來瀏覽，讓其在視覺內產生動態的效果，然後再復看一個招式的開始圖片與收尾的圖片，中間的動作變化由想像力運動起來。這樣反覆幾次後，正確的動作就能記憶在您的腦海裏。

運用動態看圖，重整體出發的方法可避免圖書學習時孤立呆板看圖產生的心煩意亂的弊端。

八、只有開闊的心境，才能領悟高超的拳道

練功訓練的過程飽含艱辛，也充滿樂趣。訓練的效果是波浪式前進，螺旋式上升的。從簡單到繁瑣，又從繁瑣

到簡單，每一次週期循環，似乎又回到了原點，而其實已上升到一個新的境界。只要以樂趣為動力，以實踐為手段，最終可達到成功頂端。圍繞培養實戰能力的目的，在學習實踐、實踐學習的循環中不斷地自我整合各要領心法。每一次循環整合都能相應提高實戰的能力，最後達到各要領心法與動作完全融洽，出手動招皆為本能的無法勝有法的高境界。螺旋上升、循環整合的方法是科學的學習方法，能帶你走向成功的彼岸。

學習時不能抱住一種觀念不變，自認為某一招法天下無敵的錯誤觀念，尤為不可取。學習的過程融會貫通，不斷提高自我的綜合實戰能力才是正途。這方面的成功先例，尤以詠春派的知名弟子李小龍為最甚。

拳術不單是幾個動作招式的簡單組合，而是精神、力量、技巧的有機統一。拳術也不只是戰勝對手的手段，更是為了自我認識、自我完善、戰勝自我恐懼、自卑心理的妙法，是可與生活融為一體，獲得精神自由、事業成功的途徑。拳術更不會是自我炫耀、欺壓弱小的工具。習武之人應以遵紀守法、助人為樂、利國利民、提高民族體育水準為宏偉目標。我們始終須記住：只有開闊的心境，才能領悟高超的拳道。

詠春拳的技術原理

第一節 三角形原理

詠春拳的結構力來自於三角形理論。從力學原理上講，三角形或金字塔形結構都很牢固，這一點毋庸置疑。

在詠春拳中，三角形理論是很容易理解和運用的，這是由我們身體的連接方式決定的。由雙腿的二字鉗羊馬形成三角形，可以使身架堅實而穩固。這樣就能更好地支撐上半身軀幹，進而為形成三角形的手臂消解攻擊提供牢固的平臺。

我們需要讓自己手臂的形狀像一個楔子一樣，這樣在運用手臂防守時，可以讓對方的攻擊偏向一側，然後我們可以推動這個楔子直入對方中門或壓垮對手的防線（圖2–1）。

如果使用正確的話，三角形理論可以讓我們的身體中包含身

圖2-1

架角度所發揮的力量，而不需要過多地使用肌肉力量。

這種方法更為高級，但需要長時間的練習才會瞭解，因為合理的身架可以讓四肢保持放鬆，讓它們更加快速更加順暢地從一個位置移動到另一個位置，不受肌肉張力的阻礙。

第二節　旋轉還擊

詠春拳練習者的身體要像一個旋轉的陀螺或磨盤一樣。如果有一股力量施加於它的圓周的任何一點上，它就會沿著與這股力量相同的方向旋轉。當有一股力施加於詠春拳練習者的身體或手臂上時，他們就以類似的方式旋轉。當身體的旋轉使一側遠離攻擊者時，另一側就會接近攻擊者（圖2-2）。

反擊就從接近對手的這一側發起，可以利用重心的移動來增加出拳力量。向後移動的手臂用於控制對方的攻擊，通常使用短促有力的猛拉，同時也借助旋轉的力量來破壞攻擊者的平衡並使其手臂遠離我方的反擊路線。

旋轉動作還可以讓重心移動到對方攻擊路線之外，透過這種方式可以將對方的攻擊力消解並返還回去。

圖2-2

在旋轉時，脊柱應該保持中正豎直，這樣能讓轉體更加迅速和精準。可以使用與旋轉方式相同的短而快的步法，當面對的對手非常靈活時，這種方式尤其適用。身體必須以一種可控的、乾淨俐落的方式圍繞接觸點旋轉。讓攻擊沿著其原有路線前進，你只需稍加用力控制對方的肢體，幫助它繼續前進即可旋轉至攻擊路線之外，選擇阻力最小的路線並沿著新的中線實施反擊。

我們在旋轉時要確保重心落於腳跟之上，不要落在腳趾上，並且在整個動作過程中髖部略向前挺。下頜微收、髖部保持水平並前挺有助於這個動作的完成。

如果攻擊是偏離中線的，那麼旋轉的方向就顯而易見了，讓被攻擊的一側向著遠離攻擊的方向移動。

如果攻擊來自中線，我們可以選擇向任一方向旋轉。最終選定的方向可能會受到諸如雙手的位置或者重心在雙腳的分配等可變因素的影響。

身架的旋轉必須快速、穩定和自信。你需要在壓力之下運用這種技法。旋轉至對方的攻擊路線之外，沿著新的中線實施反擊。

第三節　中線理論

透過中線理論的運用，上面我們說的旋轉理解起來就更容易一些。這個概念簡單的說，就是假想的一條直線，或者說一個平面，從你的中心沿著你所朝向的目標，通常是朝著對手的身體向外延伸。還可以理解為你注意力集中

的方向。

當雙方不接觸時，雙手一前一後都要置於中線上（圖2-3）。這樣用於幫助探查或瞭解對手來力的方向，以便

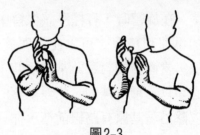

圖2-3

於感知應該向哪個方向旋轉，並由此確定哪種手型動作比較適用。如果能夠對中線實施正確的防護，對手就會被迫沿著錯誤的角度攻擊，換句話說就是向著你的中線的兩側攻擊，這樣就可以確定應當採取的正確的防守方式或策略。

在這種情況下，對手的另一個選擇就只能是使用槓桿作用或力量來迫開我們的中線，不過，我們仍可以透過旋轉對這股力量加以利用。

因此，我們必須保持鬆柔，同時還要遵循基本原則，哪怕是面對兇悍的對手時也是如此。如果我們遵循基本原則並且防護好中線，那麼對手必然會撲空並且攻擊用力過度。這樣就能夠為我們提供打敗他所需要的信息。透過這種方式，即便在壓力之下，這種拳法也依然有效。

中線是一個會隨著我們移動的假想平面。它能幫助我們簡化或瞄準我們的三角形。

當技術水準相當的兩人對戰時，只有透過攻擊過度或防守過度誘使對手犯錯誤，或者以更快、更敏捷的身手在對手察覺之前搶佔有利位置才能取得勝利。

從上面可以清楚地看出，我們不僅要有效地防護中

線，還要攻擊對方的中線（與「沿著中線攻擊」不盡相同）。這並不只是因為所有的薄弱點都分佈在身體的中線上，而是因為中線是對方身體重心的所在，壓迫對方的身體重心，能使對方無法最大限度地發揮出攻擊技術。

當我們擊打對手時，我們希望我們的打擊能夠產生最大的效果。我們希望攻擊中產生的所有的力都施加在對方身上。如果我們想讓所有的打擊力都作用在對手身上，那麼，就不能讓對手由旋轉來返還或消解這股能量。這就是要攻擊中線的又一原因。

如果攻擊落在正中央，身體吸收掉所有的能量而被向後推動，那麼，對方就無法用旋轉的方法來卸力了。在這裏必須要注意一點，對於攻擊來說，中線是從來力方向到身體中心的連線。這與沿著身體前部所畫的線是不同的，除非攻擊是垂直身體直接打入的（圖2-4）。

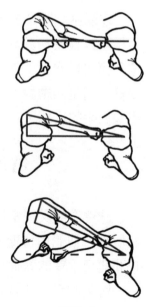

詠春拳的直拳如果是發自內線的，那麼，通常會垂直落在對方身體上。不過，如果從對方手臂的外側打入，那麼，考慮到攻擊者肩部的寬度以及重心線的方向，拳頭就必然會斜著打在中線上。我們必須確保自己的能量穿過對手的重心。偏離重心的攻擊是沒有效果的。

舉個例子，一個撞球選手想讓

圖2-4

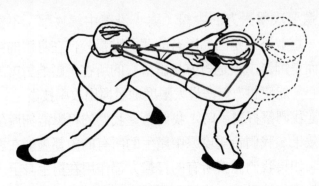

圖2-5

母球在擊中色球之後立刻停下。擊打必須是垂直的，如果母球斜著打中色球，那麼它就會在撞擊之後繼續移動，這就說明它並沒有把能量全部傳遞給色球。

　　攻擊應該瞄準對手身體的中線，讓他難以旋轉卸力。這樣可以讓攻擊具有最大的效果。將最後三個原則結合起來我們可以看到：當你旋轉至攻擊路線之外時，沿著新的中線，還是瞄準對方的身體中線發起反擊。三角形有助於引偏對手的攻擊，同時保持穩固的姿勢（圖2-5）。

第四節　肘底力

　　詠春拳師父經常提到「肘底力」，或者說將能量聚集在肘部。他們用這種方法幫助人們理解怎樣使用正確的肌肉和避免手臂的緊張。

　　肘部的定位在詠春拳中廣泛地應用於斜引防守，如膀手、伏手和攤手，以及削攔、封纏和控制對手的肢體。如

果你的手臂處於對方手臂的內側，那麼，在攻擊時手掌或拳頭通常要保持豎直。這樣具有維持肘部向外的槓桿作用的效果。如果你的手臂處於對方手臂的外側，那麼，肘部就要向中間擠壓，這樣具有讓拳頭或手掌略微斜向外擺的效果。

平常可以注意一下小念頭中第一節結尾和第三節開始的掌擊方法之間的差異。

第五節　力的有效運用

詠春拳以速度快和能夠在超短距離內發出爆發力而聞名。這種技術主要是有效降低肌肉和關節的使用，只使用達到某個目標所必須的力量。

如果你讓一個人展示一下他的手臂力量，他通常會繃緊所有的肌肉，包括二頭肌和三頭肌，讓它們膨脹起來。這樣看上去感覺很有力。但是，由於這兩塊肌肉的用力方向是相反的，所以這樣的力量全無用處！實際上我們應該這樣問：在哪個方向上比較有力？

當一個舉重選手做臥推時，他的二頭肌會完全放鬆，以便於二頭肌和三頭肌能夠發揮最大的作用。由此可知，除了防止手臂伸展過度和做出瞬間調整之外，詠春日字衝拳中不會用到二頭肌。上臂上任何的反向張力都會減慢出拳動作。

推動出拳時肘部的擺放位置與肩、腕、手成一條直線，以及在擊中的瞬間能量或張力的運用，也都有助於將能量全部傳入對手體內。隨後，手臂要立刻恢復到放鬆狀

態。在套路的練習中應該學會這種對肌肉和關節角度的正確有效的運用，並且要將其應用在每一個技法和拳式中。

第六節　寸勁與寸拳

詠春拳因其「寸勁」而頗具傳奇色彩。如前面所說，手臂需要保持放鬆以便能夠迅速地改變運動狀態和方向。所以，從任意位置和超短距離發出瞬間爆發力就成了一種至關重要的能力。

透過正確的訓練，在短時間內掌握寸勁並非難事。不過，你必須要瞭解打擊力來自何處，這樣才能提高它。簡單而系統的練習方法可以幫助身體形成正確的習慣。

如果能形成正確的肌肉張力、關節排列和身架動作，那麼，你就可以利用移動中的身體的重量——而不是只用手臂的速度和力量來擊打對手。

利用身架協助攻擊能夠確保以最小的付出產生最大的爆發力。你的雙腿有足夠的力量來帶動上體的重量前移，從而為你的攻擊增加衝擊力，瞭解大地和打擊力之間的關係是很重要的。

一、學會出拳

（1）我們先由練習來獲得從手臂在放鬆彎曲的狀態下讓手加速運動的能力。手掌要打開，肘部要下沉。在出拳之前手不要回拉，不要移動身體，身架保持放鬆。動作應該在放鬆狀態下，以出拳的姿勢結束（圖2-6）。

（2）接下來學習在動作結束時握緊拳頭，要確保出拳結束時下面的兩個指關節向前突出，並且以肘部推動。手指應該在手掌前行的過程中捲起。

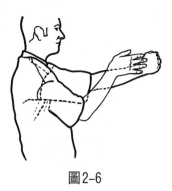

圖2-6

（3）練習讓身體隨著出拳移動。這可以透過由正身馬旋轉身體，或者由步箭馬進步來完成。在這個練習中牆靶非常有用，它可以確保你不會在關節處（腕、肘或肩）損失勁力，或者從目標上反彈回來。

（4）在自願配合的夥伴身上練習，或者還是用牆靶練習。如果在夥伴身上練習，那麼，務必採取適當的保護措施（即興表演時可以在胸部墊上一本電話簿或比較厚的書籍）以分散衝擊力，防止受傷。從手指接觸保護墊開始，拳頭不要後拉，直接打出。想像這個目標根本不存在，打出一記快速而放鬆的出拳，就像是擊打空氣一樣。將這種想像一直保持到動作結束、拳頭握緊的那一刻。

二、注意事項

（1）不要推你的夥伴，雖然這在早期階段可能有助於找到感覺。

（2）不要以保護墊的表面作為擊打目標。

（3）你的出拳自始至終都要像打在空氣上一樣，如果能夠獲得有經驗的練習者的回饋對你會很有幫助。

（4）當你開始摸到門路時，要確保所有的演示都能

夠安全的進行，例如要選擇自願配合的成人，不要在玻璃門或其他危險物體前面表演（把人打退數公尺或者打倒都是完全可能的）。

（5）在完成出拳之後，你的手臂和拳頭應該立刻恢復放鬆狀態，讓它能夠再次擊出，或是做其他的動作。

寸掌在應用上與寸拳類似，但是你必須集中全力用肘部推動掌根攻擊。

這也可以在牆靶上練習。透過輕微轉體，將你的重量加在目標上。或者，透過身架的短促推進，同時略斜向上擊出。不要反彈，也不要在關節處損失能量。如果沒有牆靶，那麼你可以在堅固的牆壁或門上練習（要小心）。如果技術正確，你能夠感覺到是用身體的重量打出的。

使用大多數的關節都可以發出寸勁，比如說肘、肩、腳、膝，甚至是胯。

第七節　簡　潔

詠春拳的另一個成功之處就在於它的簡潔。詠春拳不會大量使用各種不同的技法，反而會讓練習者努力理解一些簡單技法的各種運用方式。透過這種理念，讓簡單易於發揮的技法就能應對各種複雜的情況。

詠春拳第一個套路「小念頭」就是讓練習者熟悉和鞏固一些基本拳式，這個套路與單黐手訓練密切相關。隨後，這些思想會在第二個套路「尋橋」中進一步展開，在這個套路中會介紹轉馬、進步和腿法，同時進行雙手同動

配合練習，進而進行拉手練習。

　　黐手能夠讓我們在運動中全面開發出所有可能的技法組合及變化。這個系統的學習過程可以為練習者設定易於理解的目標。當練習者掌握了一個等級的內容之後，就可以進一步的加以綜合和擴展。

　　詠春拳的基本拳式：護手、膀手、攤手、伏手等（圖2-7）。

一、膀　手

　　膀手是一種柔和的動作，前臂不能用力（保持手指放鬆）。要用肩部的肌肉保持肘部處於適當的位置，上臂應該與中線平行，防護手的肘部必須高於攻擊手的肘部。

圖2-7

　　膀手的應用方式是肘部上翻向內撞擊，或者向內擠壓中線。當詠春拳練習者圍繞來力旋轉時，攻擊者會由於撲空而用力過度。這種膀手的最終定式可以讓我們處於從護手實施拉手技術的有利位置（圖2-8）。

圖2-8

　　膀手可以在外線上使用（右膀左臂），也可以在內線

上使用（右膀右臂）。在內線上使用時，必須多加小心以防肘部被別住。

膀手也可以用於橋手相接，用法與第二個套路（尋橋）第二節中的膀手相同。在這種情況下，防守者移步避開攻擊路線的同時可以將手臂前送去跟攻擊者的手臂相接。當你將膀手前送去接觸對方手臂時，應該使用側移步。當形成接觸之後，可以用膀手的這條手臂實施拉手以控制對方的手臂。

膀手的這兩種用法所使用的動作和勁力都不相同，中線所在的位置也不同，所以練習和熟悉這兩種用法是很有用的。

二、攤　手

攤手是一個非常強有力的拳式，可以視作膀手的相反動作（圖2-9）。它是依靠三頭肌提供的勁力從肘部向前推動的。這就使得它在長度方向上非常有力。二頭肌用於向上、向外旋轉手掌。攤手通常也處於利於實施拉手或拍手技術的位置上。

攤手可以在內線上使用（右攤左臂），也可以在外線上使用（右攤右臂）。

你可以利用通過攤手（或通過中

圖2-9

線)的多餘力量,使其轉為另一個動作,例如膀手。

　　要注意,在這種情況下,詠春練習者的手臂開始時處於內線,結束時處於外線,在整個變換過程中的任何位置都要保持接觸和控制。這個動作組合也可以反過來用,也就是將膀手向前旋轉為攤手。

三、伏　手

　　伏手用於從外門控制對方手臂的位置,能量應該集中於肘部和手腕,手不要向下推。透過肘部的位置來控制中線。當探測到來力時,詠春拳練習者旋轉至肘部後面的安全位置(圖2-10)。如果另一隻手空著,那麼,這個動作可以很容易地變為拉手或拍手。

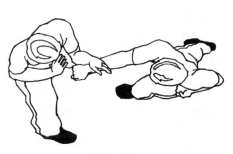

圖2-10

　　伏手也可以進一步的演變,變為另一種手法,例如枕手或扣手(圈手)。在圖2-11這個例子中,手要從對方手臂外側移動到內線。同樣的,還是要在整個轉換過程中保持控制和接觸。

　　詠春拳的防守都是圍繞著這些拳式進行的,所以對它們的深刻

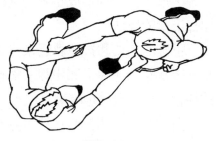

圖2-11

理解是必不可少的。這裏的理解指的不僅是瞭解怎樣與何時使用它們，還要瞭解它們怎樣從一種變為另一種，在變化中怎樣與何時用力，以及移步和轉體會對其效果造成怎樣的改變，在這些細節上見證練習者功力的造詣。

清楚地瞭解這些拳式的多種不同的使用方式，可以讓我們的詠春拳更加精純和有效。這些看起來可能過於簡單了，但是要全面地理解和掌握這三個拳式的很多精妙之處可能要花費一生時間。

還要注意，每當手上不做動作時，通常都要保持在護手的姿勢。護手位於中線上，當有攻擊穿過防線時，可用於防護下頜、咽喉或鼻子。護手也是一個預備姿勢，手既可以從中線彈出發起攻擊，也可以變為其他任何手形。

詠春拳練習者每一個動作的目標都是達到力量和角度佔優勢的位置。在任何的防守、攻擊、步法移動或姿勢變換過程中，必須牢牢控制中線，從而始終讓對手處於不利位置，迫使他從不利的角度進行攻擊和防守。

在訓練中，每一個動作都可以視作一個獨立的步驟，你可以對潛在的選擇進行簡單的分析。一旦做出最佳選擇之後，就可以訓練形成正確的反應，並最終連接成為一串連綿不斷的技法。

正確的定位和排序教起來可能比較困難：首先需要清楚地瞭解拳架、手形和中線，然後透過對黐手的循序漸進的練習，可以正確地瞭解定位。

簡潔的另一個方面在於，詠春拳的目標是找到並佔據中線。只有一個簡單的目標，從而總的思想也就很簡單。

相比之下，有些武術中對練或打鬥的目標則是，穿過對手不斷改變的攻防陣線，發起你的攻擊。

第八節　觸覺反射

由於詠春拳的觸覺反射特性，其技法可以迅速地成為詠春拳練習者的下意識動作，成為一種條件反射（繞過有意識的思考過程）。這就使得我們能夠產生比視覺反射快得多的反應。

觸覺反射還能夠讓思想更多集中於其他方面，比如戰術，以及更高水準技巧的獲得。如果不使用這種方法，詠春拳練習者就不得不在頭腦中保留大量的信息，並且要從中選擇出所有可能的攻擊方式。這就需要見過並瞭解每一種攻擊的特性，選擇並做出適當的防守。這在觸覺反射中是不需要的，因而其選擇過程就要快得多了。

自發反應的原理和過程我們目前還沒有完全瞭解。不過我們相信，已經學會的下意識反射動作（包括走路、開車或騎車等日常動作）會成為大腦或肢體中的一種自動程序。

研究顯示，身體內有兩種動作程式：一種用於選擇正確的行為模式，另一種用於控制和產生這些模式。在平時的練習中，詠春拳練習者可以預先編排好動作的細節，然後在實戰中只要等待反應信號來觸發動作即可。

詠春拳的練習方法可以把我們的手和臂訓練成傳感器，讓我們能夠感受到力的方向、大小和速度。我們採用的動作和手形是對手行為的直接結果；所以當它移動時我

們的手形也要隨之調整。

另外要記住，從一個姿勢變為另一個姿勢中間的動作過程與最終形成的姿勢同樣重要。

我們的手臂和身體還必須擔當減震器的作用。很有可能一個動作太快讓我們來不及反應，或者微不足道不需做出反應。在這種情況下我們需要為自己緩衝，直到我們能夠清楚地瞭解發生了什麼事，並做出適當的反應。

還可以暫時將一股力量控制住或儲存起來，然後再將其沿著不同的路線釋放回去。這就像是一根弓弦或是一把彈弓，在向目標射出之前需要先把它拉開。不過，不能認為乾脆俐落的反應就是更加有效、更加高超的。

只有透過詠春拳套路以及黐手的練習，你才能夠具備獲得這種水準的敏銳度和技術的能力。

第九節　攻防同步

攻防同步的意思並不僅僅是用一隻手做一件事（防守），而用另一隻手做不同的事（攻擊）。在詠春拳中大多數的情況下都是如此。同步攻防還包括用一隻手同時實現這兩種功能。

在實戰格鬥中，當對方拳打來或腳踢來時，有的拳法是在格擋對方的進攻時所使用的方法，一般是以一手格擋，然後再用另一手反擊敵人，一格一攻。是先「一防」再「一攻」，也就是把一個完整的動作分成了兩步或者兩節拍去做，格擋與出擊通常不能同時一手使用，或不能同

一個時間完成。從速度和效率上來說，延長了反擊的時間，容易貽誤戰機，故而動作自然會慢一半。

而詠春拳則不同，詠春拳的打法是「在防守的同時便進行反擊」，亦即將別的拳派兩個節拍才能做完的動作在一個節拍內做完，用來節省一半的時間。當對方拳打或腳踢來，被詠春拳的「八法」黏住時「耕攔攤膀，黏摸蕩捋」，對方已經同時處在我削其攻擊的一手中。

在拳法上任何一種先擋後打的技擊法，不管速度多快，總比不上連削帶打的速度。搏擊的取勝往往取決於關鍵性的「幾分之一秒」或是「幾十分之一秒」，所以哪怕是快一點點，你也會占得先機。

也可以說詠春拳一出手就具有攻與防兩種意義，也就是它們沒有單純的防守，也無單一的進攻，而是「攻中寓防，防中寓攻」。這樣一來，就是防護（反擊）卻又可同時擊中對手，說是進攻卻又閃開了對手的攻擊，總之是攻中有防，防中寓攻，攻不離防，防不離攻，講求「攻守合一」與「消打合一」。詠春拳之法是遇虛無之仙境，一勢即可破，加上以簡單為主，有驚人的速度，這正是詠春拳的威力和奧秘所在。

透過防守中線，而不是追逐對方的雙手，詠春拳練習者可以用一條手臂在引偏對手的攻擊的同時攻擊其中線。這種情況通常出現在肘部下壓對方的一條手臂，同時手掌和手腕還能自由實施攻擊時。尋橋套路中的攤標手就是一個很好的實例。膀手也可以轉化為短促的肘擊，只需縮短距離，適當發勁即可。

第十節　身架和身形的重要性

詠春拳的身架通常會被誤解，因為第一次看到或者第一次練習時，它似乎非常的笨拙和不穩固。但是，與這門武術的其他方面一樣，一旦瞭解了其中的原理和力學結構，其意義就要大得多了。

瞭解地面（或我們的腳）與雙手的關聯對於動作的技術原理，以及有力地攻擊和有效地防守都是至關重要的。這兩者明顯是連在一起的。但是我們需要明白，當實戰中身體進入一個姿勢時會出現什麼情況，不同的身架怎樣對某些情形產生助益，我們又怎樣才能從一個姿勢流暢地轉到另一個姿勢而不會受到某種身架的限制，不會被對方擊破。

詠春拳練習者要瞭解用腳蹬地，透過旋轉軀幹獲得力量以及由肩關節前送提高速度的力學原理。空手道練習者使用髖部的旋轉來產生力量。詠春拳由身架和步法產生極高的速度和準確度，而不會使重心過度前傾。

前面已經講過：透過旋轉來返還力量，勁力的正確使用以及肘部的槓桿作用，但是如果不能為它們提供一個穩固而靈活的身架作為基礎，那麼這些都是毫無用處的。

任何固定的身架只在某個方向上具有穩定的強度。通常，詠春拳的正身馬對於接受側向力來說比較穩固。正是出於這個原因，詠春拳訓練的早期階段強調三角形，強調使用可以向內側卸力或者透過旋轉橫向卸力的手形。

當受到攻擊時，我們必須轉向來力的方向。始終保持身形的最佳強度是至關重要的。我們的身架需要在正確的方向上保持穩固。

對於詠春拳練習者來說，進步和轉馬要做到像走路一樣自然。不管對方做什麼，你必須能夠在身架移動、進步和踢腿的同時保持完美的距離。動作的排序和定位會隨著你的身架和手形而改變。

還要講的一點就是雙腳的位置，有些人提倡腳尖內扣，而另外一些人則說雙腳應該平行。其差別在於，如果腳尖內扣，你就可以由只移動一隻腳來完成轉馬。在轉馬時後腳保持不動確實可以提供更穩固的基礎。

如果雙腳保持平行，那麼必須要同時轉動雙腳才能完成轉馬，這就會給轉馬帶來一些稍微不同的感覺。透過不斷的操練以及尋橋套路的練習，你可以確定哪一個更合適，確定每種方式適用於什麼情況。

在任何旋轉動作中都必須把重心落在腳跟上，這一點可以由保持頭部豎直、脊柱正直來輔助（順著自己的鼻子看對手）。

膝蓋必須內旋，必須與腳處於同一直線上，這樣可以消除施加在膝關節上的側向力，並防止膝蓋鎖死。這個動作還有助於保護襠部。

髖部必須前挺，並且在旋轉時保持水平。在正身馬中平衡點應該落於雙腳正中間，在轉馬之後應該落於腳跟上。身架應該感覺靈活而有彈性，不應該僵直拘謹。

在轉馬時，將重心落於腳跟上，不要後仰。如果你以

腳尖為軸旋轉,那麼頭部就無法移動至攻擊路線之外(圖2-12)。

只要可能,上體的動作必須源自雙腳、膝蓋和髖部,而不是腰、背或肩,因為那樣可能會讓我們丟掉三角形。

在轉馬之後會進入步箭馬的練習,在步箭馬中重心應該落於後腳的腳跟上,後腿實,前腿虛(便於進步、起腿、變換方向或身架)。

圖2-12

後腿是我們與地面的連接紐帶,使我們能夠向前或向上推進,能夠加速或吸收來力。前腿可以防止我們的身體被前拉或防止手臂被下拉。前腿還能在我們前進時起到剎車的作用,防止重心過度前傾,還可以在我們需要後移或變向時用於向後推動。

任何攻擊或防守的力度都在很大程度上依賴於身架的穩定性。沒有穩固的身架,我們就無法為擊打提供堅實的基礎。

打擊力取決於速度、體重的移動以及技巧。體重無法改變。速度可以由肌肉的訓練和正確使用得以增長。而技巧則可以由透徹的瞭解力量怎樣從身架中產生而獲得大幅度的提高。利用體重的能力來自於地面,因為我們要用腳和腿蹬踏地面。為了更清楚地瞭解這一點,你可以試一下如下這個簡單的練習。

圖2-13

圖2-14

身架測試：

採用步箭馬（右腳在前），找一個訓練夥伴來推你的右攤手，感受一下左腿對力量的吸收（圖2-13）。如果手臂上的力突然撤掉，它可以向前彈出一記衝拳。右腳用於防止身體過度前衝。後腿的彈力會傳遞到前腿中並向上傳至手臂，而不會過度前衝。

在某種程度上，這就像是投板球的動作，球從伸直的前腿中釋放出來，然後手臂就像一個彈弓一樣推動球前進。

然後讓你的訓練夥伴向前拉你的攤手或後頸。不要讓你的身體前傾或轉動。不要彎腰，以免破壞身架（圖2-14）。感受一下施加在前腿上的壓力。後拉，就像在拔河比賽中一樣雙腳蹬地。如果身架開始前傾，你可以向前一

小步，前腿重新定位，後腿跟上，調整姿勢。

在移動時，雙腿應該保持彈性，作用就像一個減震器，但是你必須保持身體始終在同一高度上，不要上下起伏，也不要試圖從上面跨過對方的防守去攻擊他。相反的，你要像一個楔子一樣（利用三角形原理）插向對手的中線，迫使他使用蠻力來遏止攻擊。

第十一節　步　法

在從正身馬轉為步箭馬時，有一點需謹慎，那就是透過移動腿來靠近或穿過重心，可以讓你在轉換身架或姿勢時雙手基本保持不動。這就讓你能夠在不暴露意圖的情況下大幅度地移動位置。這種技巧實際上與標指中的圈步是相同的（圖2-15）。

透過這種精妙的步法，你可以直接從正身馬接近對手。當你想攻擊但角度又不適於發起進攻時這一策略很有用。

有些練習者已經捨棄了傳統的步箭馬，選擇了側身步或環繞步，類似於八卦掌的步法。當對手近身攻擊時，不是將防守步法向前旋轉45°，而是像網球選手接發球一樣。圍繞攻擊移動具有像轉馬一樣的卸力作用，能夠移

圖2-15

動更遠的距離，同時還可能在從起始位置啟動時具有更大的靈活性。

　　這種「側向」步法在你受到來自前方的攻擊壓力時也特別有用，可以讓你向側方滑出，在對方移動時發起攻擊。雖然側向步法在橫向移動時很靈活，但是如果你想追趕後退的對手或壓制對手時卻並不太實用。這是因為你不可能在腳步不內移（使用圈步轉為步箭馬）的情況下自由地施加正向壓力。

第十二節　腿　法

　　雖然在大多數時間內雙腳都穩固地踩著或貼近地面，但是詠春拳練習者也要瞭解怎樣以及何時實施有效的踢擊。在學習怎樣踢擊之前，你必須先學習基本的身架、進步和轉馬，以便於正確地理解平衡，以及腿和髖部的動力結構。

　　所有的詠春拳腿法都包含在尋橋和木人樁法中。這些腿法有時被稱為「無影腿」。它們的特點是快速、直接、起腿低，攻擊目標包括腳，脛骨，膝蓋（前、後、側面），大腿，襠部和髖部。

　　詠春拳的腿法起腿高度很少超過腰部。它們迅捷和精妙的原因就在於它們的應用原則與雙手相同，例如，它們通常直接踢向目標，而不需要先蓄力或回收。在實施前踢的同時，髖部要保持前挺，角度基本不變。

　　腿法的攻擊力來自於腿和身體的加速運動，而不是靠

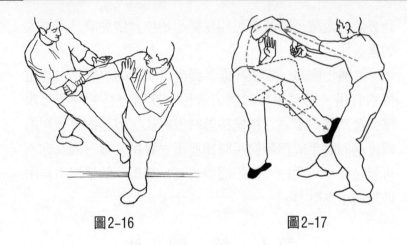

圖2-16　　　　　　　　圖2-17

推動髖部獲得，那樣會削弱身架，導致身體失衡。

　　腿法用以攻擊目標的力量與寸拳相似，但是力道更重。同樣的，也不能過度用力。

　　前踢通常由轉馬發出，或踩或躝。由轉馬或拉手發起踢擊（圖2-16）。

　　腳的路線與圈步中相同，腳要外旋並後鉤。這種踢擊可以從圓中獲取動力扭矩，同時又不會由手部動作暴露攻擊意圖，因為它的路線會穿過重心。

　　有時踢擊可以由大的步法或拉手等手部技法形成，這也使得它們很難被察覺。

　　如果身形被破壞，踢擊可以用於扭轉形勢。如果身形被向後破壞，那麼可以使用前踢腿，如果你遭到來自側面的攻擊，側踢會比較適用。側踢對於擺脫鎖臂也是一種很有用的方式（圖2-17）。

　　在踢擊中需要牢記的是，要維持穩定，保持平衡，還

有最重要的就是，在發起攻擊之前要控制住對手。因此才有了這種說法：「如果你想像騾子一樣踢人，那麼就要三條腿著地！」（兩條是對手的，一條是你的）。另外，在踢擊時我們需要知道踢哪兒：簡單地說就是要踢擊離得最近的目標，或者是當時最適合的目標，與手部攻擊相同，你要準備好隨著情況的改變而變招。

通常，向前或向下的猛拉會讓腿部進入踢擊範圍內，還會迫使對手把重心落在這條腿上，由於它的承重特性，這會使其成為更好的目標。如果在這種情勢下有任何的不確信或不穩定，你都要把雙腳牢牢地釘到地上，繼續用雙手控制對方。

對踢擊的遏制和防守可以透過幾種不同的方式進行。第一種是接近並壓制對手。很多武術家和其他的武者對詠春拳使用的距離會感到不適應，當然也就無法從這個距離上發出有效的踢擊。如果對手試圖拉開距離，只要始終緊隨他們實施壓制就可以了。

「以踢防踢」是另一種方式。換句話說就是，如果對手試圖從近距離踢擊你，那麼當他的腿離開地面的一瞬間（這一點可以感受到並且在黐手或黐腳中加以訓練），將你的前腿抬起，以防止它被壓制在地面上，並順勢踢擊對手的支撐腿（圖2-18）。

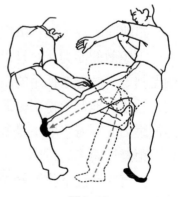

圖2-18

其他同樣有效的防守包括使用耕手等技術來保護下肢區域；或者只需在適當的方向上猛拉對方手臂（通常是向下），同時將腳提離地面。

這樣具有破壞平衡的效果，引發身體的防衛機制，迫使對手的腳迅速落回地面以防跌倒。

如果對手試圖用腳掃踢你的前腿，那麼你就要像手部動作那樣輕快地將前腿回撤至中線，然後踢擊其支撐腿。踢擊通常可以與雙手聯合使用，用作封纏、干擾，或為雙手提供可利用的離心力。

這些技術大多可以透過黐腳來練習，甚至與黐手結合起來練習，但是必須要保證在可控制的狀態下練習，因為大力踢擊膝蓋等脆弱部位是很危險的。

另外，如果你總是在練習黐手時起腿，那麼，很可能會因此而忽視手部的訓練。

第十三節　接　橋

如前面所說，詠春拳相對於其他流派的優勢在於接觸狀態下應敵的能力。一旦形成接觸對方就無法擺脫。另一個優勢是，詠春拳採用的距離對於其他大多數流派來說實在太近了，他們不得不後退，我們則緊隨而上，始終對其施加壓力。不過，並不是所有的狀況下都能從一開始就形成近距離接觸。

在這些情況下我們就要想辦法形成接觸，最好是在不被對方擊中的前提下！值得注意的是，我們的主要目的是

形成接觸和尋找中線，後面的事情就交給我們的觸覺反射和黐手技術了。

我們要在移動到攻擊路線之外（根據攻擊方式選擇轉馬或移步）的同時逐漸形成接觸，以便瞭解該採取何種措施。我們通常認為問手比較適用於接橋（所謂不問不知道）。每一次攻擊都要非常認真地對待，就像嘗試抓住一個類似板球的硬物或者類似雞蛋的易碎物體一樣。

一旦形成接觸，我們就可以判斷出對手的黏勁、速度、力量和張力，從而確定最佳的應對策略。最簡單的方式就是讓自己的防線偏離中線一定的角度，這樣可以讓攻擊沿著預期的路線行進。當對方攻來時，利用側步向選定的一側移動。

橋手直搗中線（圖2-19）。一旦形成接觸，我們就應該做出像黐手中所練就的那樣的反應。

可以使用適當的手法進行接橋，如膀手、攤手、耕手等。通過應對各種不同攻擊的練習，你很快就會發現哪種方法最適用於哪種狀況，但是你必須保留一定即興發揮的餘地，以便於在轉換手法之前找出最流暢、最安全的接橋方式。

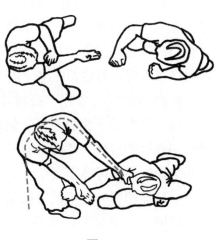

圖2-19

別忘了，我們的目的是形成接觸以便尋找中線。為了安全地實現這一目的，你的步伐必須非常靈活，能夠迅速地轉換方向（保持良好的平衡）。想像一下網球選手等待接發球的狀態，或者回想一下在學校時玩捉人遊戲的情形，實際上沒什麼太大的差別。

第十四節　學會流動

初看起來，詠春拳是由幾個不同的直線（兩點之間最短的距離）技術組成的。這個拳法體系中有很多短、脆、快的動作，會頻繁、快速地改換方向，其最終目標是快速擊倒對手，以阻止對方實施的攻擊。

那麼，這又是怎麼跟黐手的順暢、柔和以及流動聯繫起來的呢？首先，詠春拳中的圓形動作並不比直線動作少，實際上，大多數直線動作都來自於圓形動作。要知道，身架的旋轉會把直線攻擊轉化為直線的反作用力。每當我們的攻擊被對方擋住、封住或撥開時，就需要透過圓形動作讓手臂重新佔領中線位置。

我們必須保持放鬆，這樣才能在攻擊的中途改變方向，而不需要停下來思考下一個動作是什麼。如果沒有這種順暢無間的感覺，那麼詠春拳就會變得不連貫，改變方向的時候就會出現停頓。

這種停頓對於技術的發揮是有害的，會讓對方察覺到你的意圖，如果對方是高手，那麼，就可以輕鬆消解你的攻擊並攻入你的中線。

在剛開始學習一個動作時,往往需要把它拆分成幾個簡單的分解動作。一旦掌握了動作要領,我們就可以重新把它們連接在一起。同樣的,獨立的動作和姿勢轉換也要順暢地連接起來。

最終,你的動作應該圍繞著中線連綿不絕地流動。在這種流動的攻擊之下,如果對方仍能堅守防線的話,那麼就是你潑上一桶水,他也不會被弄濕了。

在練習黐手時,方向的改變是順暢而微妙的。當我們呼吸時,一呼一吸都是有始有終的,但是除非是在大口喘氣時,否則我們並不會意識到從吸入到呼出之間的變化。黐手中方向的改變也應該以這種圓轉無隙的方式進行。

從某些角度看來,詠春黐手或太極推手的手形與古老的陰陽符號非常相似。攤手和膀手就像陰和陽一樣,可以視為對立的兩個概念。陰代表著柔,就像膀手,可以偏引對手陷入用力過度的狀態;陽代表著剛,是一種包含著能量的動作,就像攤手,會形成一道堅固而靈活的屏障。當一隻手變化時,另一隻手也必須隨之而變。雙手皆剛或雙手皆柔都是非常危險的。

黐手中的任何動作(攻擊或防守)都應該與對手的步調一致,這樣感覺起來就會更加自然,對手也就更加難以察覺和做出反應。

第十五節 四門原理

詠春拳給人最大的印象就是「招法快如閃電」及「手

法之防護風雨而不透」了。那麼，詠春拳是如何做到這一點的呢？

這是因為詠春拳有一個獨特的「四門原理」。所謂的「四門」，就是在身體上半身的正面位置劃出一個四方形的面積，此「四門」之標準是高不過眉、寬不過兩肩、低不過腿。然後再在此四方形面積內劃分為四塊面積均等的方形區域作為對方攻來時各種格擋法的依據。

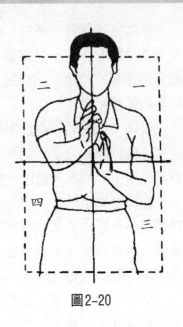

圖2-20

如圖2-20所示，將身體上的這四塊面積分為一、二、三、四幾塊區域，分別叫做高外側門（區域一）、高內側門（區域二）、低外側門（區域三）、低內側門（區域四）。

詠春拳還根據這幾塊區域制定出相應的防守策略，如左攤手用來應付對手對我高外側門的進攻；右攤手用來應付對手對我高內側門的進攻；左拍手用來應付對手對我高內側門的進攻；右拍手用來應付對手對我高外側門的進攻等等，本書會在後面的章節中具體講解「四門原理」在實戰中的運用技巧，讓大家懂得如何根據實戰的情形來靈活運用「四門原理」。

第十六節　單練套路

為了獲得順暢而精準的動作，必須進行單人訓練。這種練習可以讓我們瞭解身體的運動方式，以及基本動作的控制模式。我們還需要瞭解這些動作對我們的姿勢有何影響，以及如何從一個姿勢快速而順暢地轉到另一個姿勢。為了發揮詠春拳的效力，我們必須對以下的身體力學知識進行充分的瞭解：

（1）肌肉能量的正確而有效的運用。

（2）關節（腕、肘、肩和背）的角度與位置。

（3）上體相對於下體的運動（髖部的調整以及腰部的運動）。

（4）運動中（前進和旋轉）身架的運用及其對雙手的影響。

詠春拳的三個徒手套路能夠以一種易學而又系統的方式教會我們上述所有知識。這些套路中包含了詠春拳中所有的核心概念與技術（除了只有在黐手中才能學到的定位和感應之外）。

詠春拳有三個徒手套路、一個木人樁套路和兩個兵器套路—— 六點半棍和蝴蝶刀。

套路中包含的內容能夠幫助練習者形成和維護良好的身體習慣，增強肌肉組織和關節系統。任何對套路的增加或更改都有可能改變或削弱整個拳術體系，因此必須嚴格遵照套路練習。試圖透過設計新的練習來檢驗新理論是非

常幼稚的行為。

對於很多人來說，在練習套路時要假想與一個或幾個敵人戰鬥，而在練習詠春拳時卻並非如此。你不可能自己一個人格鬥，而且由於詠春拳與那些具體的招式不同，通常比較偏重理念，所以採用假想敵的方式會限制練習者對拳法的理解。

與其給各個動作設置具體的、固定的目標，遠不如從概念上、廣義上來對套路進行闡釋。從簡單的概念可以衍生出大量的方法和技術。反之則不盡然。

套路中包含詠春拳的很多核心理念，在探尋的過程中，你的想法可能會不斷地改變和發展。這都沒關係。套路本身就是以抽象的方式設計的，以防止練習者為套路所禁錮。只要不違背基本的原則，你大可率性而為。套路是通向自由的大道，而不是束縛自由的繩子。

小念頭、尋橋、標指、木人樁、六點半棍、八斬刀等具體內容會在第三章進行講解，這裏從略。

第十七節　詠春拳訓練方法

詠春拳有一些獨特的訓練方法。這些訓練是在接觸狀態下進行的，循環不停，包含一些簡單的重複和變化。其目的是讓一些正確的反應成為身體的條件反射。

有些訓練包含一組特定的動作，但是這些技術都是隨機性的，而不是預先想好的。為此，一旦掌握了基本訓練，就可以加以變化，並根據具體的要求對其進行調整。

只要瞭解了基本思想，循環訓練不難掌握，而且這種訓練可以在不進行實際格鬥的情況下加快學習進度。最終這種訓練應該引入黐手練習中，成為黐手的組成部分。

詠春拳最重要的特點不是在形，而是拳的中心思想。詠春拳注重的是拳術的活用。習詠春拳者最重要的是鍛鍊「隨機應變」的技巧，因敵人是活的，他也絕不會預先讓你知道他怎樣向你攻擊。

因此，詠春拳中沒有「對拆」這回事，取而代之的是「黐手」的練習。雙方純靠本身感覺予以反應變化，絕無默契，反應慢者必定輸給對方。

黏手練習其目的是：鍛鍊與敵方橋手接觸後的感覺和反應；鍛鍊製造和尋找敵方的空隙；鍛鍊雙手的左右兼顧和一心二用；鍛鍊詠春拳心法如「來留去送」「甩手直衝」「不消過籠」「不追手」等等；練習攻、防手法與組合運用；練習手法與馬步的配合。

在「黐手」練習過程中，當雙方橋手相接後，應注重對方有沒有破綻和空隙，對方力的方向和轉變如何，以及對方的攻擊和防守中有沒有破綻等所有「訊息」的體會。

詠春拳特別注重感覺和反應。詠春拳認為用眼覺察後再發出的反應比橋手相接後感覺的反應慢。因為從眼看到要經神經線傳上大腦，然後大腦才下命令去作適當反應。然而橋手相接的感覺反應乃是走捷徑的，經由脊骨神經而發出的，所以反應較快。經過適當鍛鍊後，橋手相接的感覺和反應當會達到。

第十八節　其他概念（標、逼、膀）

　　標、逼、膀的概念與手法變化密切相關，是拳法體系的基礎。簡單地說，這三個概念可以理解為前衝、環繞和遏止，可以視作佔據中線這個整體目標的細化。我們可以透過一個實例來對這些抽象的概念加深一下理解。

　　如果我們的手是自由的，或者正在向我們需要防守的區域之外某一點移動，那麼，它可以沿最短的路線打向對手的中線。如果在中途遇到阻礙，那麼，我們的手可以繞過障礙物，沿原路線前進，或者換一條路線。任何侵入我方中線的攻擊都需要加以阻止，並輕快地加以吸收、返還或撥開。如果不確定，那麼就黏住它，等待時機。

　　在這裏，你需要記住詠春拳的一句經典拳諺：「來留去送，甩手直衝。」毫不誇張地說，這句諺語囊括了全部的詠春拳體系。

詠春拳內容詳解

詠春拳法，分為小念頭、尋橋、標指三套基本拳法，每套拳法均有獨特的理論構思。換句話說，三套拳法各有不同的鍛鍊及攻防運用效果，每套拳法均有中心理論作為鍛鍊目標。

而三套拳法互相配合運用，便成為攻守兼備、威力無比的攻防武器。加上一套木人樁法，作為輔助練習，除了增加練習興趣外，也加深對拳理的思考和感受。再輔以黐手、功力等練習手段來鍛鍊詠春拳愛好者的攻防特質，可以迅速提高練習者的實戰水準。

除此之外，尚有八斬刀、六點半棍等器械來鍛鍊練習者對器械的運用技巧。這些，構成了詠春拳自己獨特的武學體系。

下面，在介紹詠春拳的基本動作之後，再分別介紹三套拳法、木人樁、八斬刀、六點半棍、黐手等的簡單原理，然後再進一步分析它們各自的獨特之處。希望有助詠春拳練習者掌握層次分明的練習方法，加深對詠春拳的瞭解，從而得到最佳的練習成果。

第一節　詠春拳的基本動作

詠春拳的基本動作無一不體現詠春拳的拳術守中用中、寸勁發力、動作簡練等特點，如日字衝拳、攤手、膀手等，無不如此。基本動作練得越紮實，在練習套路和黐手時，功力就會提高得更快。

詠春拳的基本動作可以說有很多，但是沒有必要每一個都寫下來，這樣浪費讀者的閱讀時間。從實際練習角度出發，很多動作之間的原理是相同相通的。

希望練習者在練習詠春拳的基本動作時不要以練會動作為終極目的，應該借此去觸類旁通，悟透其他的動作要義和詠春拳的技術精髓。

一、二字鉗羊馬

詠春拳最重要的基礎便是二字鉗羊馬的訓練。無論是拳功的鍛鍊，還是技擊實作，都是在此樁基礎上進行的，整個運動系統也是在此樁上產生的。詠春拳講究「力從地起」「腰馬合一」，馬步、樁功的重要性是如何強調也不夠的。

眾所周知，詠春拳正身坐馬時是站「二字鉗羊馬」。大部分的武術紮馬都是四平大馬，如同一個人坐在馬上一般，詠春馬比別家武術為小，故不稱「鉗馬」，而稱「鉗羊」（此處只取其意，不是說如真羊大小）。有說「鉗羊」應為「鉗陽」，此說頗為矛盾。至於說以內鉗之力將

敵方之腿鉗住，實際卻是絕不可行，笑話一宗。

二字鉗羊馬最重要的內涵是將兩膝略向內扣。但是不能真的將雙腿用蠻氣力內鉗，而是保持雙膝內鉗的用力意識和動作就行。這種雙膝內鉗（內夾）的力度，稱之為「鉗膝力」。「鉗膝力」使雙腿產生了「三角架」般的穩定作用，促使重心聚於下盤雙膝以下的位置，而上身保持鬆弛靈動的狀態。這樣既嚴密地防守住下體，又解決了上氣弊氣、心浮氣躁的毛病。在雙膝夾力保持不變之下，帶動全身剛柔一體的協調變化，這種以雙膝內夾啟動全身的剛柔一體是詠春門獨特的樁功訓練。在以後的黏手訓練中，有無「二字鉗羊馬」的功力所產生的效果是完全不一樣的。沒有「二字鉗羊馬」基礎，在實作對拆中則會出現上重下虛，運動中身體不能保持平衡，而且也不可能很好地承接對方的拳腳的攻擊。

【動作說明】

身體自然站立，雙腳併攏，兩手掌垂於大腿外側，全身放鬆；自然呼吸（圖3-1）；

兩手從雙腿側面向上提起至胸部，雙手同時由掌變拳，雙臂稍微用力向後拉，將雙拳拉至胸部的左右兩側，拳心向上，拳背向下（圖3-2）；

圖3-1

圖3-2

圖3-3

上動不停，兩膝微屈，雙腳以腳跟為軸，將雙腳前腳掌向左右儘量最大幅度分開（圖3-3、圖3-4）；

再以雙腳前腳掌為軸將雙腳後跟左右分開，使雙腳尖形成一個40°左右的夾角，雙腳全腳掌貼著地面，雙膝內扣，挺胸收腹，收起臀部，臀部不可向後突出；目視前方；呼吸自然（圖3-5、圖3-5附圖）。

圖3-4

【動作要領】

詠春拳二字馬「馬開步半」，即開馬後兩足尖分隔約

圖3-5　　　　　　　　　　圖3-5附圖

圖3-6　　　　　　圖3-7　　　　　　圖3-8

一足半的長度。「二字」就是指坐馬
時兩足尖與兩足跟形成一中文之
「二」字（圖3-6），意思是雙足尖
的距離比雙足跟的距離略短，若過短
便成「八」字（圖3-7），若等長便
成「四」字（圖3-8），若過長便成

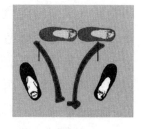

圖3-9

「倒八」字了（圖3-9）。有些詠春拳建議雙足要構成一
等邊三角形，那就是不折不扣的八字馬！

當雙足構成一「二」字，雙足向前延伸交會，便形成一等腰三角形（不是等邊），三角腰長約如一手臂由膊至拳尖的長度（圖3-10）。從物理學上說，以此姿勢出拳，足部便有最強的抓地力。這只限於正身二字馬，正身子午馬或側身馬卻有不同，此點略為複雜，暫且不談。

圖3-10

正確的鉗羊馬，當雙足構成「二」字後，由足尖到足跟拉一直線，眼睛從後面看去，足尖、足跟、膝、髖關節匯成一直線，即四點置於同一平面上。從解剖學上說，這姿勢能發揮腿部三重伸展肌的最大力量，亦不會對關節造成不正當的扭曲和壓力。

從側面看，正確的重心線應位於腳中心後3公分左右，而體重則平均分配在重心線的前後。收臀提肛後，骶骨與股骨要拉成一直線，這就是「六合發力」「腰馬合一」的一個要點和秘訣。這時雙腿微微內鉗以保持前說之四點於一平面再整體下坐，內鉗之力切忌過大，否則便會變成五壞馬之「挾馬」。

在此重申，千萬不可練內鉗之力以求將任何東西鉗住，這只是笑話。再有一說以鉗膝力防敵方掃腳而不易跌倒，此是笨方法，不練也罷。

站二字鉗羊馬必須端正、平衡，姿勢正確，重心分佈適當，鬆沉而穩，始能達到「力從地起」「腰馬合一」「六合發力」的要求。

二、左右轉馬及側身鉗羊馬的訓練

左右轉馬的練習側重於運用腰馬力帶動全身進行左右轉動的訓練。二字鉗羊馬是樁功靜態時對身體各個關節肌肉調節成剛柔一體的訓練，而轉馬則是樁功動態的活化訓練。在轉馬中仍要保持與體會靜樁中雙膝鉗夾力及內在鬆緊協調一致的連貫勁。

另外，透過腰馬力的轉動訓練，細心體會守中用中的中線技擊原理。中線軸心被控制則周身不能轉動，若肢體部位被控制還可運用以腰救馬、以步救腰的方法，透過中線軸心的運動進行化解。如果中線軸心能靈活轉動，不但能隨勢卸力，還可以透過力偶原理加大隨勢攻擊的力度。

當對方用力向我中線攻擊，我不能提前以轉馬去卸力，而應以橋手去接對方的攻擊橋手。我方在橋手接觸的過程中，已消掉對方一部分力量，剩下的力量則透過以我為軸心，對方推磨的方式自然而然地順著我的腰、馬而做圓周及向下傳遞運動以達到全部卸力的目的。想像一下推磨的動作過程，便會十分易於理解以上原理。石磨永遠不會主動去轉動，只有當人去推時，人用了多少力去推，石磨才做相應的轉動。也就是說轉馬並非是主動的轉動，而是相對積極的被動方為上乘。

【動作說明】

從二字鉗羊馬開始，在保持二字鉗羊馬基本要領不變的情形下，運用腰馬的力量帶動身體向左轉90°，將重心移交右腳，如此叫做左轉馬。左轉馬後形成的一個新的樁

圖3-11　　　　　　　　　　圖3-12

馬就叫做左側身鉗羊馬（圖3-11）。

　　按照剛才的轉動要點，從二字鉗羊馬開始，身體向右轉，將重心移交左腳，如此叫做右轉馬。形成新的樁馬就叫做右側身鉗羊馬（圖3-12）。

【動作要領】

　　在剛剛開始練習時注意轉馬動作的幅度不要太大，體會轉動中周身一體的感覺，找到感覺後，再做完整的轉馬練習。轉馬過程中要保持收臀、提胯、雙膝內鉗的要領不變，這一點尤其重要。在轉馬時人要保持身體放鬆，鬆緊一體，切不可將肌肉繃緊。要保持運動中身體的節奏感。

　　側身鉗羊馬的動作和左右轉馬不同之處，在於身體轉馬形成側身鉗羊馬時保持住這個姿勢不變，按照這個姿勢站樁。

　　正身二字鉗羊馬時呼吸自然，五趾抓地，雙膝稍內

扣,胯肌略收緊,含胸拔背,氣貫全身。轉換成側身馬時,除了身體重心靠向後支撐腿以外,其他要領同正身二字鉗羊馬不變。站樁時想像雙膝夾著一個氣球,肩背靠著一棵參天大樹,體會身體的緊鬆(剛柔)流動轉換和這種鬆緊流動形成的本能內在協調運動能力。

三、進馬、退馬

進馬、退馬如鶴舞般是詠春拳步法訓練的特點。此步法是雙膝鉗夾力與腰背力形成三角穩定的整體運動。即以腰馬力提膝進步,以鉗夾力帶動後膝自然用步,退如拉弓,進如射箭,所以又稱箭馬步。如果說轉馬訓練更多地是用於卸力防守,那麼箭馬步訓練則是用於猛烈的攻擊。

詠春拳以腰膝梯形三角力帶動全身的步法運動具備了整體流動的能力,這種整體流動的步法不但產生了控制距離感,奪取攻防矛盾轉換中的有利形勢,而且還能在卸力的同時,控制對方下盤,再透過加速度的跟步,加大發力的威力。即這種整體流動步法具備了流動調距、奪勢發力的雙重作用。如果沒有上下聯繫,帶動整體的腰胯膝組成三角穩定力,動步中則會出現身到步不到,或步到身不到的「衝身失形」的弊端。

【動作說明】

從左側身鉗羊馬開始,用腰胯力啟動左腳向前輕貼地面標出20公分左右的距離,然後右腳迅速上前跟進,使身體又恢復成左側身鉗羊馬。如此叫做進馬(圖3-13、圖3-14)。

圖3-13

圖3-14

圖3-15

圖3-16

　　從左側身鉗羊馬開始，用腰胯力啟動右腳輕貼地面後退20公分左右的距離，然後左腳迅速後退同樣的距離，使身體又恢復成左側身鉗羊馬。如此叫做退馬（圖3-15、圖3-16）。

【動作要領】

保持雙膝夾力的帶動作用。一進一跟意念腰脊與雙膝構成一個無形的三角形，帶動整體運動。此法能保持正確穩固的身架並訓練出流動的整體力。

五、日字衝拳

出拳時將拳頭豎起，這時拳頭似一個「日」字的構圖。詠春拳講求簡單直接，以最直接的方法作出攻擊，而兩點之間又以直線最短最快，因此日字衝拳是一個直拳，沿直線打擊對方。在小念頭中，一開始就學日字衝拳，之後的一切變化都是由這個日字衝拳所產生，可見日字衝拳的重要性。

當然，詠春拳的手法何止一個直拳，還有很多不同方位的攻擊手法，但這裏筆者說詠春拳的本是日字衝拳，更重要的是想表達出詠春拳的中心思想，即中線理論，最簡單、最直接莫過於中線的一拳，只要細心思考，就會明白詠春拳的變化確實是由這條直線變出來的，所以不應太過沉醉於手法的多少而本末倒置。

【動作說明】

從二字鉗羊馬開始，先將左拳移至胸部中線，前臂稍內旋，使拳眼向上，拳頭與胸口保持一個拳頭位距離（圖3-17）；

圖3-17

圖3-18

圖3-19

　　迅速將左拳沿胸部中線向前直線衝出，手臂伸直與胸平，拳眼向上，手腕向上翹起，以無名指和小指的掌指關節為著力點（圖3-18、圖3-19）。

　　圖 3-20～ 圖 3-22 為左手日字衝拳的側視圖。

【動作要領】

　　左手輕握拳，肘底發力，沿中線打出，左手完全

圖3-20

打盡，拳臂打直為限。詠春拳有「發拳肘在中」的拳訣，故每一拳必須注意手肘總貼近中線，以肘部發力將拳直線推出。衝拳整個過程，手甚至全身處於放鬆狀態。

圖3-21 圖3-22

六、攤　手

攤手是小念頭中日字拳後的第一個手法，是詠春拳門人在實戰對搏中使用率較高的防守手法，也是詠春拳中配合實用最多的手法。從一定意義上講，攤手就是鬆手放手之意，而在詠春拳中所謂的攤手是指攤開對方攻擊的拳腳。攤手是順應對方的攻擊而變的，所以，在詠春拳中攤手屬化被動為主動的手法。

另外，攤手的流動變化性很強，在原位置上可直接旋變成攻擊動作日字衝拳，亦可稍作一定位置、角度的位移而變成膀手、耕手、伏手等防守手法，尚可配合其他攻防動作組成「消打同時」的高明打法。經典的攤手用法與變化乃是當對手攻入我前方區時，相應以攤手或由攤手變伏手進行消解（外攤內伏）。由於以上因素，攤手作為詠春

圖3-23   圖3-24

門「三式拳」的重要組成之一就不足為奇了。

【動作說明】

從二字鉗羊馬開始，左拳變掌，掌心向上，將左掌移至胸部中線，放鬆手腕，左掌與胸口保持一個拳頭位距離（圖3-23）；

以肘底力將左手掌慢慢依胸部中線向體前伸出，伸至肘部與胸口距離一個拳頭位時停住，整個攤手完成。保持手與肩高，或與胸部平齊亦可，實際運用時可根據對方手部動作的高度來做調整。（圖3-24、圖3-25）。

圖3-26～圖3-28為左攤手的側視圖。

【動作要領】

攤手訓練目的是提高肘部力量及手肘與身體的整體力。正確的攤手從側面看，手臂成V字型，手掌是平的。

攤手時易範的錯誤動作有：

圖3-25

圖3-26

圖3-27

圖3-28

（1）攤手時肘部外翻，沒有沿身體子午線前行，導致肘部無法直接攤至中心。

（2）攤手時樁馬鬆散，手部過低，無法體驗三角力

點與沉肘之力。

（3）攤手時肩架結構的變形使手法無法正確攤出，手部過於緊張用力，無法做到沉肘傳遞力量，使力量只能局限於手部表面，無法達到像水流一樣綿綿不斷，流過指尖。

七、膀　手

詠春門力主以柔克剛，以小勝大，尤其是使用膀手時，非常講究卸力，最忌用蠻力來鬥力。故膀手的最神明的使用方法乃是：起膀必旋臂（旋臂以消對方部分力並改變對方力的方向），膀上能消則消，消不了隨力轉。

膀手能攻能守，雙膀同時於內門做快速的圓周翻滾時，可以輕易地防守住來自上路的如暴風驟雨般的各種無規律組合拳。攻擊時變幻莫測，頭、尾、中三節皆可作攻擊武器，而且常常隨勢而變：按頭起尾，按尾起頭，按中間飄膀起，如此使敵人防不勝防。故膀手在「三式拳」中尤占重要位置。

【動作說明】

從二字鉗羊馬開始，左拳變掌，放鬆手腕，左肘向前上方提起，帶動左手臂以弧形拋出，掌心向外，拋出後，上臂與前臂微曲成120°，左上臂抬起的高度與肩平，左手腕立在中線位置（圖3-29、圖3-30）。

圖3-31、圖3-32為左膀手的側視圖。

【動作要領】

動作過程中，整個左手臂處於旋轉狀態，用手臂的旋

圖3-29

圖3-30

圖3-31

圖3-32

轉觸及對方的攻擊肢體，化解對方的攻擊力。再配合前臂
向身體的中線膀出，這樣就完全打亂了對方的攻擊路線。
巧妙地運用膀手，可以借助對方的攻擊力來破壞他的身體
平衡。

八、伏　手

攤手由外向內做90°弧度圈手，即成伏手。伏手的特徵是手掌屈伏在對手的前臂上面，而自己出伏手的手臂待在對方外門。亦即伏手多以相對伏手的姿態出現於搏擊中，而極少出現交相伏手的情況，原因是相對伏手的雙方手臂成一條直線，在這條直線上，伏手即可以發揮向下按、向左右跟隨的獨特功能，這在黐手訓練中表現得更明顯，而交相伏手則無法完成上述功能。

伏手稍作一定角度、弧度、位置的改變，即可靈活地變成標指手、問手、膀手等。

【動作說明】

在攤手的基礎上，左掌屈腕使五指向上、掌心向內朝著自己的身體，隨即，左手以手腕為軸心，左掌做一內旋的內圈手，旋至左手五指斜向右下方，掌心向內（圖3-33、圖3-34）。

圖3-35、圖3-36為左伏手的側視圖。

【動作要領】

左手腕向上屈起的同時就內旋，不能先將手腕屈起再向內旋，將伏手分成兩個節拍來完成。尤其是實戰時對方的手法變化萬千，如果無法瞬間做出伏手，則很難克制對方的攻擊。

九、圈　手

一個真正的搏擊高手，在實戰中取勝於對手，不在於

圖3-33

圖3-34

圖3-35

圖3-36

招式繁瑣與花哨，而是用普普通通的動作，很隨意地就能
將對方的攻擊化於無形。比如，圈手。圈手僅是一個手腕
的旋轉動作，非常簡單。不僅能鍛鍊腕部肌肉的柔軟與強
韌度，還能輕鬆消解對方擒拿手法，並作反擒拿之妙用。

圖3-37

圖3-38

圖3-39

圖3-40

【動作說明】

　　在攤手的基礎上，左掌屈腕使五指向上、掌心向內朝著自己的身體。隨即左手以手腕為軸心，以手腕帶動左掌旋轉一周後，再次將掌心向內朝著自己的身體（圖3-

圖3-41

圖3-42

圖3-43

圖3-44

37～圖3-41）。

圖3-42～圖3-46為左內圈手的側視圖。

練習者還要練習另一種圈手技術，用肩關節帶動手臂完成圈手動作。

圖3-45　　　　　　　　圖3-46

手腕向內旋轉就叫做內圈手，手腕向外旋轉的話就叫做外圈手。

【動作要領】

圈手時前臂要積極地稍作旋轉來配合手腕完成圈手動作。圈手能不能在實戰中發揮應有的效果，在於平時的練習多寡。只要練習者多下工夫去摸索，就可以化腐朽為神奇。

十、抽撞拳

詠春拳的抽撞拳乍一看類似西洋拳擊中的勾拳，但是二者有著很大的區別，這主要是由於各自所在的武術體系不同決定的，並無優劣之分。

因為在實戰中，抽撞拳多是由膀手轉變而成使用，詠春拳練習者很少主動用抽撞拳來攻擊對方，這樣勝算不大。這也是詠春拳的抽撞拳有別於其他派系同類拳法的原因。

圖3-47

圖3-48

【動作說明】

由二字鉗羊馬開始，在手臂彎曲成90°夾角的基礎上，左拳沿胸部中線向前、向上直線衝出，拳所擊打的位置與肩平，拳眼向左（圖3-47）。

圖3-48為左抽撞拳的側視圖。

【動作要領】

肘要彎曲成90°，保持這個角度不變。大於或小於90°，都會導致在拳頭擊打對方時無法最佳地使出腰馬之力。肘要歸於身體的中線，這樣才便於實際運用中攻防技術的變化。

十一、耕攔手

耕攔手由耕手和拍手組成。耕手主要功能為阻截來自中路的攻擊，拍手主要功能為攔截來自上路的攻擊。在實

圖3-49

圖3-50

戰對搏中，耕手往往與拍手一起組合應用。耕攔手的交替互換和左右快速整體晃動，可防守住幾乎所有的無規律的組合拳和來自中上路的各種技法的攻擊。同時，耕攔手在攻防中，有著獨到的「黏打」互換的生生不息的連續換打換守的特徵，其具體表現為：雙手上下組合防守時，一旦耕手觸碰到對方主橋手即刻利用圈手黏住其橋手，同時拍手疾變成相應的攻擊手攻擊對方；反之，一旦拍手觸碰到對方橋手即圈手黏其橋手，耕手變攻擊手襲擊對手。

【動作說明】

在二字鉗羊馬的基礎上，左右手同時由拳變掌進行動作，左手前臂經過胸部中線後向左下方格擊，手臂停於左腰前方，掌指向下，掌心向內，形成左耕手；右手前臂則在同一時刻由胸部的高度從右向左做格擊動作，形成右拍手，手臂停於左肩前方，掌指向上，掌心向內。如此形成的耕攔手

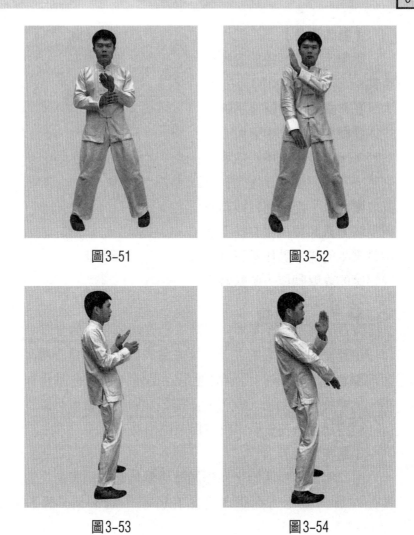

圖3-51　　　　　　　　　圖3-52

圖3-53　　　　　　　　　圖3-54

動作，叫做左耕右攔手（圖3-49、圖3-50）。按照同樣的
要領左右手交換，做右耕左攔手（圖3-51、圖3-52）。

圖3-53、圖3-54為右耕左攔手的側視圖。

【動作要領】

耕攔手的奧妙在於鍛鍊雙手同時發力的協調配合的能力。在耕攔手的實際運用中，往往會配合轉馬一起使用（圖3-55），這是由於用耕攔手防守時，不是用蠻力硬接住對方的攻擊力量，而是運用腰馬的轉動將力量卸掉，左右雙手則由耕攔手的防守動作迅速變化成相應的攻擊動作去還擊對手。

圖3-55

十二、正踢腿

在實戰中利用人的先天本能去完成技擊動作是一種高明的藝術。詠春拳的正踢腿便是立足這一理念，動作簡單，抬腿便向前踢出，練習者不需要開胯拉韌帶也可以將這一腿踢起來，在實戰中使用起來也相當方便。

【動作說明】

由二字鉗羊馬開始，左腳屈膝自然抬起，用腰胯之力推動左腳向前上方踢擊，力點在腳掌（圖3-56、圖3-57）。

【動作要領】

不要將腿抬得太高，將腳抬至腹部的高度是沒有必要的，這樣反而影響動作速度。只要將腳掌抬離地面就行，然後迅速踢出。由於不需要把腿抬得太高的緣故，起腿後

圖3-56　　　　　　　　　　　圖3-57

踢擊的方向應該是向前、向上的。

　　踢擊的高度視目標而定，低可以踢擊對方的膝蓋，高可以踢對方的腹部。對於柔韌性不好的練習者來說，不要追求踢擊的高度，這樣在實戰中不但無法踢中對方，反而容易使自己的身體失去平衡。

十三、側撐腿

　　電影中李小龍的側踢將人踹出數公尺遠的威力確實讓人歎為觀止，但是這不是詠春拳中的側撐腿，二者在實戰運用和動作上有很大差別。

　　實戰中詠春拳主張拳、腳、肘、膝並用，但是更注重手的攻擊技巧。所以，詠春拳的側撐腿同國外自由搏擊中的側踢腿有很大差異，詠春拳的腿法注重速度和靈活性最大化，也就是在快的前提下追求踢擊的力量。

圖3-58

圖3-59

側撐腿同正踢腿在動作上並無多大差異，都是抬起大腿後踢出。只不過一個是在身體的正面起腿，一個是在身體的側面起腿。

【動作說明】

由二字鉗羊馬開始，左腿屈膝自然抬起，用腰胯之力推動左腳向左側上方踢擊，力點在腳掌（圖3-58、圖3-59）。

【動作要領】

詠春拳腿法的力量來自腰胯，在腳快速踢出的時候，用腰胯向踢擊的方向外撐來幫助踢擊發力，但在發力時要保持身體的平衡。

踢腿時，要保持腳與目標成直線，也就是說腳從地上抬起時直接沿直線踢擊目標。這與散打、跆拳道等搏擊術的側踢不同。

第二節　小念頭

　　小念頭是詠春拳最基礎、最根本的套路，又可稱為「小練頭」，是詠春拳的入門套路。當一名初學者啟蒙之日，師父會以告誡的語氣對他說：「小念頭不正，終身不正；習武如是，做人如是。」這道理其實很好理解，因為小念頭中包含了詠春拳的各種基本動作，而日後千變萬化的招式，都是在這些基本動作上變化、組合而成；若練習者連這套最基礎的拳法都練不好，其日後技術之壞將不待言，而立身處世，若連一點小小念頭都不向正途發展，那麼，該詠春拳練習者的品格之差亦不難想像了！

　　由此可知，「小念頭」一詞意帶雙關；創此名稱的人用心良苦，堪作今日詠春拳門人在「武」與「德」方面立身處世之銘。

　　大多數武術的套路都有迅捷、飄逸漂亮的手法和步法組合。然而詠春拳卻不同，詠春拳的套路一向沒什麼觀賞性，其中尤以小念頭為甚。小念頭可以說根本沒有步法或腿法，整套拳都是站在原地打的，不懂的人甚至會覺得這套拳看起來很滑稽。然而實際上，小念頭幾乎包含了詠春拳所有的進攻和防禦手法，從最重要的日字衝拳、側面攻擊的拂手，以及攤手、膀手、拍手、耕手等所有的防禦手法，乃至於鍛鍊手腕靈活度的圈手，在小念頭中都會得到鍛鍊。只要長期練習小念頭，你會發現自己不知不覺中已經熟練了詠春拳所有的手部動作。

　　此外，小念頭也包含了詠春拳的許多重要實戰原則，如正面朝形、守中用中、「不動肘」防禦原則等。正因為小念頭沒有步法，全部都是正面朝前的動作，你就不得不習慣詠春拳的正面對敵形態；而小念頭所有的動作都嚴格遵循中線原則、以肘部為軸心去運作，自然而然就有了詠春拳實戰的基礎功力。

　　小念頭整個套路均在原地打完，目的是用來鍛鍊下盤功力；在練習整套小念頭時要求全身放鬆，絕對不能全身繃緊地去打，要心平氣和地去演練。事實上除了日字衝拳以外，其他動作最好都放慢去打，特別是「一攤三伏手」這個鍛鍊手腕靈活和卸力的動作，更要緩慢、鬆沉地去打，這樣長期下來，自然就能練出詠春拳外鬆內緊、由外透內的功力了。

　　該套路按側重點不同分為三節，不過其總體目標都是要獲得正確的身架和角度。在整個套路中身體不動，只有手臂運動。很多動作都是由一隻手臂完成的，另一隻手臂保持預備姿勢。

　　起勢可以讓我們瞭解如何找到正確的身架，如何確定中線以及如何進行中線出拳。

　　第一節以直臂動作為主，可以在肩部不動的情況下，讓我們的手臂和腕部肌肉得到正確的鍛鍊。伏手和圈手也包含在第一節中。

　　本節在練習時要緩慢而凝重，有的人把這種狀態比作一種冥想狀態。該節以拍手、護手和圈手結束，在圈手動作中，前臂肌肉拉伸，肩部旋轉至最大限度。

在第二節中，我們可以學會各個方向上力的正確運用。每個動作過程中手臂應始終保持放鬆，直到能量最終得以釋放，發出詠春拳獨有的爆發力。在能量釋放出之後，手臂應立刻返回放鬆狀態，繼續下一個動作。雙手通常以相同動作向身體兩側打出。這樣可以讓身體兩側保持平衡，以免初學者做出多餘的身體動作。

本節練習時動作要輕快。

第三節以基本手形的練習為主，從拍手、橫掌和圈手開始，接著由攤手轉為耕手和橫掌，由膀手轉為攤手和底掌，最後是雙手配合練習。

本節在練習中應側重正確的位置和能量的運用。套路以三連拳和圈手結束。

在練習小念頭的過程中必須將全身放鬆，包括雙肩、手腕、手肘，挺胸收腹，收起臀部（即要提肛），肩膀下垂（沉肩），兩膝向內鉗。練習小念頭要注意沉肘的作用，這樣會力氣更大；做攤手時不用力，放鬆，則對手作用於你的攤手的力會貫入你的雙腿，使你的馬步更穩。做其他的膀手、耕手等等也不用力。要注意肘是用力點，也是力量的源泉，而你的意念是向著對手，向前！

小念頭在勁力上要求首先是「捨力」，具體練習時全身放鬆，出手輕靈、敏捷、自然，這樣才能從「捨力」到「卸力」到「借力」一步步提高。

1. 預備勢

身體自然站立，雙腳併攏，雙掌分別垂於左右大腿外

圖3-60

圖3-61

側，全身放鬆，自然呼吸；目視前方（圖3-60）。

2. 立正抱拳

兩手從雙腿側面向上提起，同時雙手由掌變拳，雙臂稍微用力向後拉，將雙拳拉至胸部的左右兩側，拳心向上，拳背向下；目視前方（圖3-61）。

3. 正身二字鉗羊馬

上動不停，兩膝微屈，雙腳以腳跟為軸，將雙腳前腳掌向左右儘量最大幅度分開（圖3-62、圖3-63）；

再以雙腳前腳掌為軸將雙腳後跟左右分開，使雙腳尖形成一個40°左右的夾角，雙腳全腳掌貼著地面，雙膝稍內扣，含胸收腹，收起臀部，使臀部不向後突出；目視前方（圖3-64）。

圖3-62

圖3-63

圖3-64

圖3-65

4. 交叉耕手

上動不停，雙拳同時變掌在胸前交叉，左手在上，右手在下，雙手手背向下，掌心向上（圖3-65）；

圖3-66

圖3-67

雙手在保持重疊不變的情況下一起做下插動作，同時將雙手內旋，使雙手的手掌背向外朝著身體前方，掌心向內朝著自己的身體，左手在外，右手在內；目視前方（圖3-66）。

5. 交叉攤手

上動不停，雙手上臂不動，同時屈肘將兩前臂提起，並保持交叉之勢不變，左手在上，右手在下，雙手同時外旋，使掌背斜向下，而掌心斜向上；目視前方（圖3-67）。

6. 收　拳

上動不停，雙手由掌變拳，一起收回胸側，兩臂微用力向後拉，拳心向上，拳背向下；目視前方（圖3-68）。

圖3-68

圖3-69

圖3-70

7. 左日字衝拳

上動不停，以肘底力將左拳沿胸部中線向前直線衝出，手臂伸直與肩平，拳眼向上（圖3-69、圖3-70）。

圖3-71

圖3-72

8. 左圈手收拳

上動不停，左手成掌，外翻成攤手，掌心向上，手指向前（圖3-71）；

左掌屈腕使五指向上，以手腕為軸心，左掌做一內圈手，當圈至手指向下時，左手握拳收回於身體左側，高與胸平；目視前方（圖3-72～圖3-75）。

圖3-73

9. 右日字衝拳

上動不停，以肘底力將右拳沿胸部中線向前直線衝

圖3-74

圖3-75

圖3-76

圖3-77

出，手臂伸直與肩平，拳眼向上（圖3-76、圖3-77）。

10. 右圈手收拳

上動不停，右手成掌，外翻成攤手，手指向前（圖3-

圖3-78

圖3-79

圖3-80

圖3-81

77）；

　　右掌屈腕使五指向上，以手腕為軸心，右掌做一內圈手，當圈至手指向下時，右手握拳收回於身體右側，高與胸平；目視前方（圖3-78～圖3-82）。

圖3-82

圖3-83

圖3-84

11. 左攤手

上動不停，將左拳變掌移至胸部中線位置，掌心向上，以肘底力將左手掌慢慢依胸部中線向體前伸出，伸至肘部與胸口距離一個拳頭位時稍停（圖3-83、圖3-84）；

圖3-85

圖3-86

圖3-87

圖3-88

　　左手以手腕為軸心做一內圈手後變成護手，手指向
上，掌心向右（圖3-85～圖3-88）；

　　將左護手以肘底力慢慢回收於胸前，護手與胸口須保

圖3-89

圖3-90

持一個拳頭位距離；目視前方（圖3-89）。

12. 左三伏手

上動不停，左手腕放鬆內屈，變護手成伏手，手背向上，掌指向右下（圖3-90）；

以肘底力將左手慢慢依中線向前推出，至肘部與胸口距離一個拳頭位時稍停（圖3-91）；

圖3-91

左手以手腕為軸心做一內圈手後變成護手，手指向上，掌心向右（圖3-92～圖3-94）；

圖3-92

圖3-93

圖3-94

圖3-95

　　將左護手以肘底力慢慢回收於胸前，護手與胸口須保持一個拳頭位距離；目視前方（圖3-95）。

　　如此重複上述動作，共做3次。

圖3-96

圖3-97

13. 左拍手

上動不停，將胸前左護手橫推向右與肩齊，手指向上，掌心向右（圖3-96）；

再將左手收回胸前成護手，手指向上，掌心向右；目視前方（圖3-97）。

14. 左印掌

圖3-98

上動不停，左掌依中線向前推出，手掌與頭同高，手指向上，掌心向前；目視前方（圖3-98）。

圖3-99

圖3-100

15. 左圈手收拳

動作同「8」。略。

16. 右攤手

上動不停，右拳變掌移至胸部中線位置，掌心向上，以肘底力將右手掌慢慢依胸部中線向體前伸出，伸至肘部與胸口距離一個拳頭位時稍停（圖3-99、圖3-100）；

圖3-101

右手以手腕為軸心做一內圈手後變成護手，手指向上，掌心向左（圖3-101～圖3-104）；

圖3-102　　　　　　　圖3-103

圖3-104　　　　　　　圖3-105

　　將右護手以肘底力慢慢回收於胸前，護手與胸口須保持一個拳頭位距離；目視前方（圖3-105）。

圖3-106　　　　　　　圖3-107

17. 右三伏手

上動不停，右手腕放鬆內屈，變護手成伏手，手背向上，掌指向左下（圖3-106）；

右手以肘底力慢慢依中線向前推出，至肘部與胸口距離一個拳頭位時稍停（圖3-107）；

右手以手腕為軸心做一內圈手後變成護手，手指向上，掌心向左（圖3-108～圖3-110）；

將右護手以肘底力慢慢回收於胸前，護手與胸口須保持一個拳頭位距離；目視前方（圖3-111）。

如此重複上述動作，共做3次。

18. 右拍手

上動不停，將胸前右護手橫推向左與肩齊，手指向

圖3-108

圖3-109

圖3-110

圖3-111

上，掌心向左（圖3-112）；

　再將右手收回胸前成護手，手指向上，掌心向左；目視前方（圖3-113）。

圖3-112

圖3-113

19. 右印掌

上動不停，右掌依中線向前推出，手掌與頭同高，手指向上，掌心向前；目視前方（圖3-114）。

20. 右圈手收拳

動作同「10」。略。

21. 左襟手

圖3-114

上動不停，左拳變掌沿身側下按，掌心向下，手指向左；目視前方（圖3-115、圖3-116）。

圖3-115

圖3-116

圖3-117

圖3-118

22. 右襟手

上動不停，右拳變掌沿身側下按，掌心向下，手指向右；目視前方（圖3-117、圖3-118）。

圖3-119

圖3-120

23. 後雙襟手

上動不停，將雙手提起
至腰後，掌背貼住後腰，手
指向下（圖3-119）；

雙掌往後下方撐打，掌
心斜向地面，手指斜向自己
的雙腿方向；目視前方（圖
3-120）。

24. 前雙襟手

圖3-121

上動不停，將雙手提起至身前腹部，掌心斜向下，手
指斜向上（圖3-121）；

雙掌往前斜向下方撐打，掌心斜向下，手指斜向上；

圖3-122

圖3-123

目視前方（圖3-122）。

25. 雙攔手

上動不停，雙掌向上回收至與肩平，使上臂和前臂屈曲成90°角，左手在上，右手在下，掌心向下，左掌在右肘上，右掌置於左肘下；目視前方（圖3-123）。

圖3-124

26. 雙拂手

上動不停，雙掌向左右同時分開打橫，分開後兩臂約與身體成一直線，高與肩平，掌心向地（圖3-124）。

圖3-125

圖3-126

27. 雙攔手

上動不停，雙掌隨即向內回收成雙攔手，右掌置於左肘上，左掌停於右肘下，掌心向下；目視前方（圖3-125）。

28. 雙扰手

上動不停，雙掌由上往下切，掌心互對，雙手置於胸部中線位置；目視前方（圖3-126）。

29. 雙攤手

上動不停，雙手掌同時外翻成攤手，雙手間隔一拳寬的距離，高與肩平，掌心向上，十指向前；目視前方（圖3-127）。

圖3-127

圖3-128

30. 雙窒手

上動不停，雙掌向內翻，掌背向上，十指向前。翻掌時用肘底力將雙手微向後收，手肘與胸部須保持一個拳頭位距離，雙肘向中線靠攏；目視前方（圖3-128）。

31. 雙標指

圖3-129

上動不停，雙掌向前標出直插喉部，掌心向下，十指向前；目視前方（圖3-129）。

圖3-130   圖3-131

32. 雙襟手

上動不停，雙掌向下按，與腹部齊，掌心斜向下，十指向前；目視前方（圖3-130）。

33. 正身雙頂手

上動不停，雙手屈腕以手腕背向上頂，高及喉部，掌心向內，十指向下；目視前方（圖3-131）。

34. 雙手收拳

上動不停，雙掌變拳隨即收回胸側，拳心向上；目視前方（圖3-132、圖3-133）。

35. 左拍手

上動不停，左拳變掌橫推向右與肩齊，掌心向右，手

圖3-132

圖3-133

圖3-134

圖3-135

指向上（圖3-134）；

再將左手收回胸前，手指向上，掌心向右；目視前方
（圖3-135）。

圖3-136

圖3-137

36. 左橫掌

上動不停，左掌向前方直線撐出，高及喉部，掌指向左，掌心斜向前；目視前方（圖3-136）。

37. 左圈手收拳

動作同「8」。略。

38. 右拍手

上動不停，右拳變掌橫推向左與肩齊，掌心向左，手指向上（圖3-137）；

再將右手收回胸前，手指向上，掌心向左；目視前方（圖3-138）。

圖3-138

圖3-139

39. 右橫掌

上動不停，右掌向前方直線撐出，高及喉部，掌指向右，掌心斜向前；目視前方（圖3-139）。

40. 右圈手收拳

動作同「10」。略。

41. 左攤手

圖3-140

上動不停，左拳變掌，掌心向上，將左掌移至胸部中線，放鬆手腕，左掌與胸口保持一個拳頭位距離（圖3-140）；

圖3-141   圖3-142

　　以肘底力將左掌慢慢依胸部中線向體前伸出，伸至肘部與胸口距離一個拳頭位時稍停；目視前方（圖3-141）。

42. 左耕手

　　上動不停，左掌以斜線往左下方下格成左耕手，手背向前，手指向下；目視前方（圖3-142）。

43. 左攤手

　　再將左掌由內而外向上轉成攤手，掌心向上，取中線；目視前方（圖3-143）。

44. 左圈手

　　上動不停，左掌屈腕使五指向上，掌心向內朝著自己

圖3-143

圖3-144

圖3-145

圖3-146

的身體（圖3-144）；

　　左手以手腕為軸心，左掌做一內旋270°的內圈手，左手五指向左，掌心斜向前；目視前方（圖3-145、圖3-146）。

圖3-147

圖3-148

45. 左橫掌

上動不停，左掌向體前直線撐打，高及腰部，掌指向左，掌心斜向前；目視前方（圖3-147）。

46. 左圈手收拳

動作同「8」。略。

47. 右攤手

上動不停，右拳變掌，掌心向上，將右掌移至胸部中線，放鬆手腕，右掌與胸口保持一個拳頭位距離（圖3-148）；

以肘底力將右手掌慢慢依胸部中線向體前伸出，伸至肘部與胸口距離一個拳頭位時稍停；目視前方（圖3-149）。

圖3-149

圖3-150

48. 右耕手

上動不停，右掌以斜線往右下方下格成右耕手，手背向前，手指向下；目視前方（圖3-150）。

49. 右攤手

再將右掌由內而外向上轉成攤手，掌心向上，取中線；目視前方（圖3-151）。

圖3-151

50. 右圈手

上動不停，右掌屈腕使五指向上，掌心向內朝著自己的身體（圖3-152）；

圖3-152

圖3-153

右手以手腕為軸心，右掌做一內旋270°的內圈手，右手五指向右伸展，掌心斜向前；目視前方（圖3-153、圖3-154）。

51. 右橫掌

上動不停，右掌向體前直線撐打，高及腰部，掌指向右，掌心斜向前；目視前方（圖3-155）。

52. 右圈手收拳

動作同「10」。略。

圖3-154

圖3-155

圖3-156

53. 左膀手

上動不停，左拳變掌，放鬆手腕，左肘向前上提以弧形向胸前中線拋出，掌心向外，拋出後，上臂與前臂微屈成120°角，左手腕在中線位。目視前方（圖3-156）。

圖3-157

54. 左攤手

上動不停，左肘向內回捲，手臂外翻成攤手，掌心向上，放鬆手腕，取中線；目視前方（圖3-157）。

圖3-158　　　　　　　　　圖3-159

55. 左底掌

上動不停，左掌向外屈腕，掌心向外，掌指向下，再將左臂向前往上托出，高及喉部；目視前方（圖3-158）。

56. 左圈手收拳

動作同「8」。略。

57. 右膀手

上動不停，右拳變掌，放鬆手腕，右肘向前上提以弧形拋出，掌心向外，手指向下。拋出後，上臂與前臂微屈成120°角，右手腕在中線位；目視前方（圖3-159）。

圖3-160

圖3-161

58. 右攤手

上動不停，右肘向內回捲，手臂外翻成攤手，掌心向上，放鬆手腕，取中線；目視前方（圖3-160）。

59. 右底掌

上動不停，右掌向外屈腕，掌心向外，掌指向下，再將右臂向前往上托出，高及喉部；目視前方（圖3- 161）。

60. 右圈手收拳

動作同「10」。略。

61. 三脫手

上動不停，左拳變掌向腰部正前方位置下格成耕手，

圖3-162

圖3-163

手背向前，手指斜向右下方。同時將右拳變掌，掌心向上，手指斜向左，輕貼於左肘上（圖3-162）；

右掌反轉成掌背向上並迅速沿左前臂往下削，右掌下削至左手腕時，左掌隨即反轉成掌心向上，然後將左臂往後收，再將左掌輕貼於右肘上，手指斜向右（圖3-163、圖3-164）；

再將左掌反轉成掌背向上並迅速沿右前臂往下削，左掌下削至右手腕時，右掌隨即反轉成掌心向上，然後將右臂往後收，再將右掌輕貼於左肘上，手指斜向左（圖3-165）；

右掌再次反轉成掌背向上且沿左前臂往下削，右掌下削至左手腕時，左掌隨即反轉成掌心向上，然後將左臂往後收，再將左掌輕貼於右肘上；目視前方（圖3-166）。

上述乃一連串動作，中間不要停頓。

圖3-164

圖3-165

圖3-166

圖3-167

62. 連環日字衝拳

上動不停，左掌變拳沿胸前中線向前衝出，拳眼向上，右掌同時變拳回收於胸前中線，靠近左肘關節上方位置，拳眼向上（圖3-167）；

圖3-168

圖3-169

　　右拳沿左前臂橋面向前直線衝出，拳眼向上，左拳亦同時回收於胸前中線，靠右肘關節上方位置，拳眼向上（圖3-168）；

　　左拳沿右前臂橋面向前直線衝出，拳眼向上，右拳亦同時回收於右胸側；目視前方（圖3-169）。

　　上述乃一連串動作，中間不要停頓。

63. 左圈手收拳

　　動作同「8」。略。

64. 收　　勢

　　雙腳合攏，立正收勢，目視前方（圖3-170）。

圖3-170

第三節　尋　橋

　　尋橋是詠春拳的第二套拳法。小念頭的動作為單個概念，尋橋的動作為組合概念。詠春拳將大部分經常用到的手法放於小念頭中，讓練習者熟練這些動作。到尋橋便將小念頭所練過的單個動作抽出作有機的組合，便於在實戰中配合使用。例如在尋橋中有一邊膀手，另一邊護手，亦有一邊窒手而另一邊底掌的動作等。

　　尋橋主要是將小念頭中的動作組合成簡單直接實效的攻防技術，好比我們將一個個漢字組合起來寫成一句話一樣，而其結構、章法、層次因個人而異。

　　在練習第一套拳法小念頭時，練習者腳部沒有任何的移動。在練習尋橋這套拳法時，要求練習者利用自己身體

的重心點來移動身體，同時基本上運用小念頭的招式去產生一種很難阻擋的雙向力量。

尋橋主要練習高效能的防禦方法與極為巧妙的反擊方法。這拳法是否能夠發揮其效果，便要依賴小念頭的精通程度。「小念頭」是朝形打定靶，而「尋橋」是追形打活靶。如從兩點間畫條直線，則「尋橋」就是要找這條最短路線。「尋橋」是把敵我雙方間的對抗形態當作一個對立統一的整體，去尋求自身的拳腳在互動的攻防格鬥中快速打入取勝的捷徑路線。

「尋橋」中的「尋」就是「尋找」，「橋」就是「橋手」。從前練武者大都稱前臂部分為橋手。單從字面解釋的話，就是「尋找橋手」的意思。通俗地說法，是指尋找與對方橋手接觸的方法。很多人誤以為尋橋的意思是找尋對手的橋手，但實際上詠春拳強調追形不追手，怎會無緣無故地去找尋人家的手？這裏所謂的「尋找」，也就是在實戰中設法在敵方攻到自己前去攔截或破壞掉對方的攻擊動作，如果己方不能在對方攻到自己前尋找到對方的破綻的話，則絕無法及時做出有效的防禦及反擊動作。

當你能輕易攔截及破壞掉對方的攻擊，以及自身防護技術嫻熟而將自身保護得如「銅牆鐵壁」一般的話，那麼在格鬥中還有何懼？

透過上面的解釋，我們可以得知，尋橋是詠春拳中追形及截擊敵人的拳法，尋橋對樁馬的要求是虛實分明、三尖相對，在真正搏擊時不能盲目進攻，也不能只攻不守，在進行打鬥時，雙方的距離都會不停移動及變化，我們便

要掌握好自己及對手的角度、時間和攻防時機的機動性。在實戰中，如遇敵正面而來或走馬偏門，甚至假身影手，我們都可以用尋橋的手法及腳法首尾相應，以最短的路線和速度消打敵人的進攻。所謂「人過我橋三分險，轉馬偏身把形朝，遇敵尋橋需落馬，轉身靈活標馬快，橋入三關任我打」，這便是詠春拳尋橋的特點。

練習者由第一個套路「小念頭」學會了手部動作、瞭解了基本身架之後，我們可以由詠春拳第二個套路「尋橋」來學習如何在保持前述技術的同時，圍繞對手來移動自己的身體。為了便於理解，該套路也可以分為三節，不過每一節的目的都是統一的，並無顯著差別。

通常說來，在第一節中，我們可以學會轉身、調整距離和拉手。膀手用於從外側黏住對方。本節中還會介紹從膀手向拍手的變化，該動作用於側面的防護。拍手位置不宜過高，以免被對方抓住空當實施反擊。

第二節從90°轉馬開始，包含腿法的練習。側步用於接近或遠離對方，中線與移動方向成90°夾角。膀手用於擺脫或黏住對方。在本節中膀手也可以用於內門。抽拳可以作為上擊拳或錘拳使用。

在第三節中我們會學到直撐腿，向各個方向的進步、退步、十字步和斜撐腿。本節中還包含一些近身控制方法，比如低膀手轉攤手，身架的推進以及耕手對低位拳腿的防守。尋橋的整體目標就是接近對手，與對方橋手相接，然後透過運用正確的擺位和角度，穿過其橋手對中線實施攻擊。

圖3-171 圖3-172

1. 預備勢

身體自然站立，雙腳併攏，兩掌垂於大腿外側，全身放鬆，自然呼吸；目視前方（圖3-171）。

2. 立正抱拳

兩手從雙腿側面向上提起，雙手同時由掌變拳，雙臂稍微用力向後拉，將雙拳拉至胸部的左右兩側，拳心向上，拳背向下；目視前方（圖3-172）。

3. 正身二字鉗羊馬

上動不停，兩膝微屈，雙腳以腳跟為軸，將雙腳前腳掌向左右儘量最大幅度分開（圖3-173、圖3-174）；

再以雙腳前腳掌為軸將雙腳後跟左右分開，使雙腳尖

圖3-173

圖3-174

形成一個40°左右的夾角，
雙腳全腳掌貼著地面，雙膝
內扣，含胸收腹，收起臀
部，臀部不可向後突出；目
視前方（圖3-175）。

4. 交叉耕手

上動不停，雙拳同時變
掌在胸前交叉，左手在上，
右手在下，雙手手背向下，
掌心向上（圖3-176）；

圖3-175

雙手在保持重疊不變的情況下一起向下做下插動作，
同時雙手內旋，使雙手的手掌背向外朝著身體前方，掌心
向內朝著自己的身體，左手在外，右手在內；目視前方

| 圖3-176 | 圖3-177 |

（圖3-177）。

5. 交叉攤手

上動不停，雙手上臂不動，同時屈肘將兩前臂提起，並保持交叉之勢不變，左手在上，右手在下，雙手同時外旋，使其掌背斜向下，而掌心斜向上；目視前方（圖3-178）。

6. 收　拳

上動不停，雙手由掌變拳，一起收回胸側，兩臂微用力向後拉，拳心向上，拳背向下；目視前方（圖3-179）。

7. 左日字衝拳

上動不停，以肘底力將左拳沿胸部中線向前直線衝出，手臂伸直與肩平，拳眼向上（圖3-180、圖3-181）。

圖3-178

圖3-179

圖3-180

圖3-181

8. 左圈手收拳

上動不停，左手成掌，外翻成攤手，掌心向上，手指

圖3-182

圖3-183

圖3-184

圖3-185

向前（圖3-182）；

　　左掌屈腕使五指向上，以手腕為軸心，左掌作一內圈手，當圈至手指向下時，左手握拳收回至身體左側，高與胸平；目視前方（圖3-183～圖3-186）。

圖3-186

圖3-187

圖3-188

9. 右日字衝拳

上動不停，以肘底力將右拳沿胸部中線向前直線衝出，手臂伸直與肩平，拳眼向上（圖3-187、圖3-188）；

圖3-189

圖3-190

10. 右圈手收拳

上動不停，右手成掌，外翻成攤手，手指向前（圖3-189）；

右掌屈腕使五指向上，以手腕為軸心，右掌做一內圈手，當圈至手指向下時，右手握拳收回至身體右側，高與胸平；目視前方（圖3-190～圖3-193）。

圖3-191

11. 正身穿橋

上動不停，雙拳變掌同時向胸前伸出，掌心互對，雙

圖3-192

圖3-193

圖3-194

圖3-195

掌間距約一個拳頭的寬度（圖3-194）；

　　迅速將雙掌向前直線標出，掌心互對，指尖向前，高及頭部；目視前方（圖3-195）。

圖3-196　　　　　　　　圖3-197

12. 雙攔手

上動不停，雙掌同時向內回收，使上臂和前臂屈曲成90°角，左手在上，右手在下，掌心向下，左掌在右肘上，右掌置於左肘下，身體向左轉成左側身鉗羊馬，雙臂不動（圖3-196、圖3-197）；

再將身體向右轉成右側身鉗羊馬，雙臂依然保持雙攔手姿勢不變（圖3-198）；

最後將身體轉回左方成左側身鉗羊馬，雙臂依然保持雙攔手姿勢不變；目視前方（圖3-199）。

13. 雙伏手、三拍手

上動不停，兩手向左右分開約一拳寬的距離，掌心向下，雙肘距胸前一拳的距離，肘尖朝下（圖3-200）；

圖3-198

圖3-199

圖3-200

圖3-201

　　用右掌由外而內輕拍擊左肘關節內側，手指斜向前；
同時將左手反轉成攤手，掌心向上，手指向前，左肘關節
微微往上托（圖3-201）；

圖3-202　　　　　　　　　圖3-203

再用左掌由外而內拍擊右肘關節處，右掌則同時向外翻並向前伸展成攤手，掌心向上，手指向前，右肘微微往上托（圖3-202）；

最後再次用右掌由外而內輕拍擊左肘關節內側，手指斜向前，同時將左掌向外翻並向前伸展成攤手，掌心向上，手指向前，左肘微微往上托；目視前方（圖3-203）。

三式拍手是一連串的連貫動作，中間不要停頓。

14. 正掌三式

上動不停，右掌沿左手前臂橋面中線打出，掌心向前，掌指向上，左手隨即收回成左護手靠於右肘內側位置（圖3-204）；

再將左掌沿右手橋面中線打出，右手隨即收回成右護手靠於左肘內側位置（圖3-205）；

圖3-204

圖3-205

圖3-206

　　最後重複將右掌沿左手橋面中線打出而左掌則變拳收
回左胸側；目視前方（圖3-206）。

　　三式正掌乃連貫動作，中間不要停頓。

圖3-207　　　　　　　圖3-208

15. 轉馬右攔手

上動不停，右掌向內回收，使上臂和前臂屈曲成90°角橫置於胸前，掌心向下，如此保持右臂不動；同時將身體向右轉成右側身鉗羊馬，面向右前方；目視右前方（圖3-207）。

16. 上交叉攤手

上動不停，右掌向外翻成斜攤手勢置於胸前，掌心斜向內；同時將左掌攤出置於右前臂上成交叉之勢，掌心斜向自己身體；目視右前方（圖3-208）。

17. 轉馬側身右膀手

上動不停，將身體左轉成左側身鉗羊馬，同時將右手

圖3-209 圖3-210

肘部向上提起外翻抛出成高膀手，上臂與肩平，手腕放鬆，掌心向外，手指向下方，右上臂與上身保持約90°之勢；左手同時變成護手靠於右肘位置；目視正前方（圖3-209）。

18. 轉馬右攔手

上動不停，將身體向右轉成右側身鉗羊馬，面向前方，同時右膀手順勢往右方一橫，使右肘關節成90°角變成右攔手橫置於胸前，而左手則變拳回收於左胸側；目視右前方（圖3-210）。

重複16～18動，共做3次。

19. 右攔手衝拳

上動不停，將左拳移至胸部中線，拳眼朝上，拳頭與

圖3-211

圖3-212

胸口保持一個拳頭位距離，以肘底力向前催動左拳沿右攔手的前臂橋面直線衝出；右手隨即變拳收回右胸側；目視右前方（圖3-211）。

20. 正身左問手

上動不停，將身體向左轉成正身二字鉗羊馬，同時將左手直臂往身體的左側方向分開，掌心向下，分開後左臂與身體成一直線；目視正前方（圖3-212）。

21. 正身左伏手

上動不停，將左臂肘關節彎曲下垂，用肘底力將左肘拉回至身體的胸前中線，放鬆手腕，掌心斜向下，手指伸直向前；目視前方（圖3-213）。

圖3-213

圖3-214

22. 右脫手標指

上動不停，將右拳變掌放在左手肘關節上，掌心向上（圖3-214）；

隨即右掌迅速沿左手橋面向前直衝出標指手，掌心向左，高及喉部，左手隨即變拳收回左胸側（圖3-215）。

23. 右圈手收拳

動作同「10」。略。

圖3-215

24. 正身穿橋

上動不停，雙拳變掌同時向胸前伸出，掌心互對，雙

圖3-216

圖3-217

掌間距約一個拳頭的寬度（圖3-216）；

迅速將雙掌向前直線標出，掌心互對，指尖向前，高
及頭部；目視前方（圖3-217）。

25. 雙攔手

上動不停，雙掌同時向內回收，使上臂和前臂屈曲成
90°角，右手在上，左手在下，掌心向下。右掌在左肘
上，左掌置於右肘下，身體微向右轉成右側身鉗羊馬，面
向前方，雙臂不動（圖3-218、圖3-219）；

再將身體向左轉成左側身鉗羊馬，面向前方，雙臂依
然保持雙攔手姿勢不變（圖3-220）；

最後將身體右轉成右側身鉗羊馬，雙臂依然保持雙攔
手姿勢不變；目視前方（圖3-221）。

圖3-218

圖3-219

圖3-220

圖3-221

26. 雙伏手、三拍手

上動不停，兩手向左右分開約一拳寬的距離，掌心向

圖3-222

圖3-223

下，雙肘距胸前一拳的距離，肘尖朝下（圖3-222）；

用左掌由外而內輕拍擊右肘關節內側，手指斜向前；同時將右手反轉成攤手，掌心向上，手指向前，右肘關節微微往上托（圖3-223）；

再用右掌由外而內拍擊左肘關節處，左掌則同時向外翻並向前伸展成攤手，掌心向上，手指向前，左肘微微往上托（圖3-224）；

最後再次用左掌由外而內輕拍擊右肘關節內側，手指斜向前；同時將右掌向外翻並向前伸展成攤手，掌心向上，手指向前，右肘微微往上托；目視前方（圖3-225）。

三式拍手是一連串的連貫動作，中間不要停頓。

27. 正掌三式

上動不停，左掌沿右手前臂橋面中線打出，掌心向

圖3-224

圖3-225

圖3-226

圖3-227

前，掌指向上，右手隨即收回成右護手靠於左肘內側位置
（圖3-226）；

　再將右掌沿左手橋面中線打出，左手隨即收回成左護
手靠於右肘內側位置（圖3-227）；

圖3-228　　　　　　　　圖3-229

最後重複將左掌沿右手橋面中線打出而右掌則變拳收回至右胸側；目視前方（圖3-228）。

三式正掌乃連貫動作，中間不要停頓。

28. 轉馬左攔手

上動不停，左掌向內回收，使上臂和前臂屈曲成90°角橫置於胸前，掌心向下，如此保持左臂不動，同時將身體向左轉成左側身鉗羊馬；目視左前方（圖3-229）。

29. 上交叉攤手

上動不停，左掌向外翻成斜攤手勢置於胸前，掌心斜向內，同時將右掌攤出置於左前臂上成交叉之勢，掌心斜向自己身體；目視左前方（圖3-230）。

圖3-230　　　　　　　　圖3-231

30. 轉馬側身左膀手

上動不停，將身體右轉成右側身鉗羊馬，同時將左手肘部向上提起外翻拋出成高膀手，上臂與肩平，手腕放鬆，掌心向外，手指向下方，左上臂與上身保持約90°之勢，右手同時變成護手靠於左肘位置；目視正前方（圖3-231）。

31. 轉馬左攔手

上動不停，將身體向左轉成左側身鉗羊馬，面向左，同時左膀手順勢往右一橫，使左肘關節成90°角變成左攔手橫置於胸前，而右手則變拳回收於右胸側；目視前方（圖3-232）。

重複29～31動，共做3次。

圖3-232

圖3-233

32. 左攔手衝拳

上動不停，將右拳移至胸部中線，拳眼朝上，拳頭與胸口保持一個拳頭位距離，以肘底力向前催動右拳沿左攔手的前臂橋面直線衝出，左手隨即變拳收回左胸側；目視前方（圖2-233）。

33. 正身右問手

上動不停，將身體微向右轉成正身二字鉗羊馬，同時將右手直臂往身體的右側方向分開，掌心向下，分開後右臂與身體成一直線；目視前方（圖2-234）。

34. 正身右伏手

上動不停，將右臂肘關節彎曲下垂，用肘底力將右肘拉回至身體的胸前中線，放鬆手腕，掌心斜向下，手指伸

圖3-234

圖3-235

直向前；目視前方（圖2-235）。

35. 左脫手標指

上動不停，將左拳變掌放在右手肘關節上，掌心向上（圖2-236）；

隨即左掌迅速沿右手橋面向前直衝出標指手，掌心向右，高及喉部，右手隨即變拳收回右胸側（圖2-237）。

圖3-236

36. 左圈手收拳

動作同「8」。略。

圖3-237　　　　　　　　圖3-238

37. 正身左攔手

上動不停，將左拳變掌向右拍打（圖3-238）；

當拍打至右肩位置時，將左掌握拳橫置於胸前，肘關節彎曲成90°角，抬起與肩平，拳心向下；目視前方（圖3-239）。

38. 轉身左攔手直撐腿

上動不停，在保持左臂動作不變的前提下，身體微向左轉成左側身鉗羊馬，面向左方；同時左腳抬起向側直線踢出，高及腹部，腳趾向上。

撐腿時雙臂不動，上身不可搖晃不定，當左腿撐盡時不可回收；目視左方（圖3- 240）。

圖3-239

圖3-240

39. 側身迫步膀手三式

上動不停，左腳向左前方落下，左腳落地時將右腳拖前一步；同時將右手肘部向上提起外翻拋出成高膀手，上臂與肩平，手腕放鬆，掌心向外，手指向下方，右上臂與上身保持約90°之勢，左手同時變成護手靠於左肘位置；目視正前方（圖3-241）；

圖3-241

繼續將右掌向外翻成斜攤手勢置於胸前，掌心斜向內，同時將左掌攤出置於右手腕上成交叉之勢，掌心斜向

圖3-242

自己身體（圖3-242）；

　　再將左腳向左前方前進一步，而右腳亦拖前一步；同時再將右肘拋出成高膀手，左手則變護手靠於右肘位置；面朝正前方。見圖3-241；

　　繼續將雙掌向外翻成交叉攤手置於胸前，右掌在外，左掌在內，掌心斜向內，見圖3-242；

　　再次將左腳向左前方踏上一步，而右腳亦拖前一步；同時將右肘拋出成高膀手，左手則變護手靠於右肘位置；目視正前方。見圖3-241。

40. 側身右抽拳

　　上動不停，身體保持右側身鉗羊馬不變，右手變掌為拳，以半弧形由下而上擊打向身體胸前中線，高及喉部，拳眼向外，而左手隨即變拳收回左胸側；目視左前方（圖

圖3-243　　　　　　　　圖3-244

3-243）。

41. 正身右伏手

上動不停，將身體向右轉成正身二字鉗羊馬；同時右手由拳變掌，前臂內旋至掌心斜向下，掌指向前，放鬆手腕；目視前方（圖3-244）。

42. 左脫手標指

動作同「35」。略。

43. 左圈手收拳

動作同「8」。略。

圖3-245　　　　　　　　圖3-246

44. 正身右攔手

上動不停，將右拳變掌向左拍打，當拍打至左肩位置時，將右掌握拳橫置於胸前，肘關節彎曲成90°角，抬起與肩平，拳心向下；目視前方（圖3-245）。

45. 轉身右攔手直撐腿

上動不停，在保持右臂動作不變的前提下，身體微向右轉成右側身鉗羊馬，面向右方；同時右腳抬起向前直線踢出，高及腹部，腳趾向上，撐腿時雙臂不動，上身不可搖晃不定，當右腿撐盡時不可回收；目視右方（圖3-246）。

46. 側身迫步膀手三式

上動不停，右腳向右前方落下，右腳落地時將左腳拖前一步；同時將左手肘部向上提起外翻拋出成高膀手，上

圖3-247

圖3-248

臂與肩平,手腕放鬆,掌心向外,手指向下方,左上臂與上身保持約90°之勢,右手同時變成護手靠於左肘位置;目視正前方(圖3-247)。

繼續將左掌向外翻成斜攤手勢置於胸前,掌心斜向內,同時將右掌攤出置於左手腕上成交叉之勢,掌心斜向自己身體(圖3-248);

再將右腳向右前方前進一步,而左腳亦拖前一步;同時再將左肘拋出成高膀手,右手則變護手靠於左肘位置;面朝正前方。見圖3-247;

繼續將雙掌向外翻成交叉攤手置於胸前,左掌在外,右掌在內,掌心斜向內。見圖3-248;

再次將右腳向右前方踏上一步,而左腳亦拖前一步;同時將左肘拋出成高膀手,右手則變護手靠於左肘位置;目視正前方(圖3-247)。

圖3-249　　　　　　　圖3-250

47. 側身左抽拳

上動不停，身體保持右側身鉗羊馬不變，左手變掌為拳，以半弧形由下而上擊打向身體胸前中線，高及喉部，拳眼向外，而右手隨即變拳收回右胸側；目視右前方（圖3-249）。

48. 正身左伏手

上動不停，將身體微向左轉成正身二字鉗羊馬；同時左手由拳變掌，前臂內旋至掌心斜向下，掌指向前，放鬆手腕；目視前方（圖3-250）。

49. 右脫手標指

動作同「22」。略。

圖3-251

圖3-252

50. 右圈手收拳

動作同「10」。略。

51. 左轉馬直撐腿

上動不停，身體向左轉成左側身鉗羊馬，同時在轉馬的帶動下，將左腳抬起向前直線踢出，高及腹部，腳趾向上；目視左前方（圖3-251、圖3-252）。

52. 迫步雙低膀三式

上動不停，左腳向左前方落下，左腳落地時將右腳拖前一步；同時將雙手肘關節向身體中線翻轉拋出成低膀手，拋出後，上臂與前臂微曲成135°角，兩手腕在腹部中線位，雙掌心向外，放鬆手腕（圖3-253）；

圖3-253

圖3-254

繼續將雙掌向外翻成雙攤手勢置於胸前，掌指斜向上，掌心斜向自己的身體（圖3-254）；

再將左腳向左前方踏出一步，右腳亦拖前一步；同時將雙手肘關節向身體中線翻轉拋出成低膀手，拋出後，上臂與前臂微曲成135°角，兩手腕在腹部中線位，雙掌心向外，放鬆手腕。見圖3-253；

繼續將雙掌向外翻成雙攤手勢置於胸前，掌指斜向上，掌心斜向自己身體。見圖3-254；

再次左腳向左前方踏出一步，右腳亦拖前一步；同時將雙手肘關節向身體中線翻轉拋出成低膀手，拋出後，上臂與前臂微曲成135°角，兩手腕在腹部中線位，雙掌心向外，放鬆手腕；目視左前方。見圖3-253。

圖3-255

圖3-256

53. 併步雙問手

上動不停，左腳先踏前半步，右腳再踏前與左腳並齊成併步，同時將雙低膀手依中線由下往上抬起成雙問手，雙手高及頭頂，兩掌心向外，手指向前；目視前方（圖3-255）。

54. 雙窒手、雙正掌

上動不停，雙肘內合併下墜至胸前成窒手，雙手間隔一拳寬，掌心向下，手指向前（圖3-256）；

以肘底力將雙掌向前直線推出，高與肩平，掌心向前，手指向上；目視前方（圖3-257）。

圖3-257

圖3-258

55. 圈手收拳

上動不停，雙掌外翻成攤手，掌心向上，手指向前（圖3-258）；

雙掌屈腕使五指向上，以手腕為軸心，雙掌做一內圈手，當圈至手指向下時，雙手握拳收回於身體兩側，高與胸平；目視前方（圖3-259～圖3-261）。

圖3-259

56. 右轉馬直撐腿

上動不停，身體向右轉成右側身鉗羊馬，同時在轉馬

圖3-260

圖3-261

圖3-262

圖3-263

的帶動下，將右腳抬起向前直線踢出，高及腹部，腳趾向
上；目視右前方（圖3-262、圖3-263）。

圖3-264　　　　　　　　　　圖3-265

57. 迫步雙低膀三式

上動不停，右腳向右前方落下，右腳落地時將左腳拖前一步；同時將雙手肘關節向身體中線翻轉拋出成低膀手，拋出後，上臂與前臂微曲成135°角，兩手腕在腹部中線位，雙掌心向外，放鬆手腕（圖3-264）；

繼續將雙掌向外翻成雙攤手勢置於胸前，掌指斜向上，掌心斜向自己身體（圖3-265）；

再將右腳向右前方踏前一步，左腳亦拖前一步；同時將雙手肘關節向身體中線翻轉拋出成低膀手，拋出後，上臂與前臂微曲成135°角，兩手腕在腹部中線位，雙掌心向外，放鬆手腕。見圖3-264；

繼續將雙掌向外翻成雙攤手置於胸前，掌指斜向上，掌心斜向自己身體。見圖3-265；

圖3-266　　　　　　圖3-267

　　再次右腳向右前方踏前一步，左腳亦拖前一步；同時
將雙手肘關節向身體中線翻轉拋出成低膀手，拋出後，上
臂與前臂微曲成135°角，兩手腕在腹部中線位，雙掌心向
外，放鬆手腕；目視右前方。見圖3-264。

58. 併步雙問手

　　上動不停，右腳先踏前半步，左腳再踏前與右腳並齊
成併步；同時將雙低膀手依中線由下往上抬起成雙問手，
雙手高及頭頂，兩掌心向外，手指向前；目視右前方（圖
3-266）。

59. 雙窒手、雙正掌

　　上動不停，雙肘內合併下墜至胸前成窒手，雙手間隔
一拳寬，掌心向下，手指向前（圖3-267）；

圖3-268

圖3-269

以肘底力將雙掌向前直線推出，高與肩平，掌心向前，手指向上；目視右前方（圖3-268）。

60. 圈手收拳

上動不停，雙掌外翻成攤手，掌心向上，手指向前（圖3-269）；

雙掌屈腕使五指向上，以手腕為軸心，右掌做一內

圖3-270

圈手，當圈至手指向下時，雙手握拳收回於身體兩側，高與胸平；目視前方（圖3-270～圖3-272）。

圖 3-271

圖 3-272

圖 3-273

圖 3-274

61. 左轉馬側撐腿

　　上動不停，身體向左轉成正身二字鉗羊馬，同時在轉馬的帶動下，將左腳抬起向左側直線踢出，左腿伸直，高及腹部，腳趾向前；目視左前方（圖 3-273、圖 3-274）。

圖3-275

圖3-276

62. 側身襟手三式

上動不停，左腳直接向左側前方落下，左腳落地時將右腳向左腳的方向拖近，身體右轉成右側身鉗羊馬；同時左拳變掌往下腹部正前方的位置下按，掌心向下，掌指斜向右（圖3-275）；

隨即再將身體左轉成左側身鉗羊馬；右拳變掌往下腹部正前方的位置下按，掌心向下，掌指斜向左；同時左掌握拳收回左胸側（圖3-276）；

再次將身體右轉成右側身鉗羊馬；同時左拳變掌往下腹部正前方的位置下按，掌心向下，掌指斜向右；右掌握拳收回右胸側；目視正前方（圖3-277）。

63. 襟手變衝拳

上動不停，身體左轉成正身二字鉗羊馬，同時左掌握

圖3-277

圖3-278

拳在轉馬的帶動下由下向上
彈起，高與肩平，拳眼朝
上；目視前方（圖3-
278）。

64. 正身連環衝拳二式

圖3-279

上動不停，右拳由胸前
中線，經過左肘關節的上
面，再沿左前臂橋面向前直
線衝出，拳眼朝上，左拳亦
同時回收於胸前中線，靠近
右肘關節（圖3-279）；

隨即左拳也是由胸前中線，經過右肘關節的上面，再
沿右前臂橋面向前直線衝出，拳眼朝上，而右拳亦同時回

圖3-280

圖3-281

收於右胸側；目視前方（圖3-280）。

　　上述乃一連串動作，中間不要停頓。

65. 左圈手收拳

動作同「8」。略。

66. 收　勢

雙腳合攏，立正收勢；目視前方（圖3-281）。

第四節　標　指

　　標指是詠春拳中神秘的第三套拳。它的神秘之處在於只能傳授給那些極富天資、技藝高強、武德出眾的入室弟子。

標指通常都是一對一口傳身授的，在學習該套路之前，學員必須已經完全領會到小念頭和尋橋的精髓，此外通常還要先學習木人樁套路。發力的重點集中於肘部、指尖和手掌。

標指中的很多動作都是從橋下向上發出的，而且通常都是逆勢發出。

該套路可以視為一個攻擊套路，其中包含很多深奧的理念。不過，你也可以把它視為用勁過度之後切回中線的方法，或者是力臂或中線丟失之後的閃避方法。因此，標指有時也可以作為一種絕地求生的套路。之所以不能過早地學習該套路，這也是其中的原因之一，畢竟與其犯了錯誤之後再想辦法糾正，不如學會如何不去犯錯誤。就像從事藝術的人在學習素描時，老師通常不允許他們使用橡皮，這樣一來他們就必須帶著錯誤繼續往下畫，於是也就學會了如何避免再出現同樣的錯誤。

標指是詠春拳的高級套路，攻擊手法都是以指、掌、拳、肘為主。唯一的腳法是耕腳，又稱圈步，亦包括詠春三式拳法之一的勾拳，三式肘法——蓋肘、跪肘及劈肘。熟習後應以最快速度完成整套套路，快速可產生更大威力。小念頭及尋橋假設敵人與自己實力相當，而標指則假設自己與敵人實力懸殊，敵眾我寡的情況下，如何以最迅速及最直接的手法去擊倒敵人，以求脫險，所以標指內的招式多是以打為消、險中求勝、但求速戰速決。

學習標指要求習者要對尋橋已有深厚根基及認識，否則可能弄巧成拙。

　　「標指」這一名稱來自少林中的佛經，在經中有一段文字提及標月指。講的是要我們「以指見月」，是佛法中極為有名的「指月之指」，它記載於《六祖壇經》之中。為了便於大家對標指及詠春拳有一個理性的理解，這裏將「指月之指」這個禪宗故事講一講，這段記錄的是唐朝時期兩位高僧的對話。

　　有一天，無盡藏尼對六祖慧能說：「我研讀《涅槃經》多年，仍有許多不解之處，希望能得到指教。」

　　慧能對她說：「我不識字，請你把經讀給我聽，這樣我或許可以幫你解決一些問題。」

　　無盡藏尼笑道：「你連字都不識，怎談得上解釋經典呢？」

　　慧能對她說：「真理是與文字無關的，真理好像天上的明月，而文字只是指月的手指，手指可以指出明月的所在，但手指並不就是明月，看月也不一定必須透過手指，不是這樣嗎？」

　　如人以手指月示人，彼人因指當應看月。若復觀指以為月體，此人豈唯亡失月輪，亦亡其指。——《楞嚴經》

　　語言、文字只是借用來表達真理，幫人達到悟境的舟車而已。誤將文字為真理，不正是誤以為手指是月亮一樣可笑了嗎？

　　「標指」是禪理的「標月指」，要穿越手指看月亮，即被人打時要眼光放遠。它是打與被打的辯證法思想。

　　對詠春拳最好的比喻：就像一根指向月亮的手指，千萬不要誤將手指當成月亮，更不可專注於手指而忽視天空

其他美景。手指的作用，只是指引「光明」，至於你能獲得多少，或者看得有多遠，便全靠自悟與努力。

詠春拳的作用是讓每一位習武者能夠透過詠春拳的修煉指引，明確自我發展方向，培養個人武術研習能力，使之最終邁向自我解放。

並非筆者在此故弄玄虛，因為詠春拳的創始者五枚師太就是一位在佛學上有相當造詣的高僧。

由於在小念頭中有一個動作稱為標指，是雙手用指齊向前伸，大約至眼部左右的高度，故很多人都認為標指是專取對方眼部的狠辣套路。標指是詠春三套拳中最後的一套，且寓意深刻，亦有人因此認為標指是最厲害的一套拳。假若標指最為厲害，我們又何須多學小念頭、學尋橋？直截了當地學標指豈不更好更實際？勤練標指還不是一樣可以培育根基嗎？

但標指確實是屬於詠春門功夫中「不傳的秘」，它過於狠毒、殺傷力太大。

標指的手法是長橋的打法，多是打手救手的招式，打法忽長忽短，由下打上，消打同時，柔化剛發，襟頭屹尾，襟尾屹頭，攻擊力度如竹如藤，落點穿透。臨陣應敵，以手保形，前手多變，拳不空出，手不空回。標指內的許多打法，都是十分兇狠凌厲毒辣的重擊手法。標指的用力特點是「爆炸力」的高效運用，也就是在動作放鬆的基礎上閃電般地攻出，然後在拳頭或手指接觸目標的瞬間突然發力去攻擊對手最脆弱的要害部位。

由於動作是放鬆的打出，故對手一般極難防範，並且

由於是在極短的距離內發生，因此更增加了對手的防禦難度，但命中目標時卻具有強勁的穿透效果。

標指與小念頭、尋橋的區別，很明顯的一點是在巧妙運用中、長距離攻擊技術的同時，更擅長於中、近距離的「貼身搏擊」，如肘擊的運用是詠春拳的一大絕招，還有就是幾式摔法的靈活運用，如「抓拉摔」與「耕攔手」等等。另外一點，就是它特別強調步法的有效運用，前兩套拳術沒有有關步法的專門訓練方法（尤其是詠春門所特有的「圈步」訓練）。

「詠春標指不出門，還魂急救標指手」，可見標指在詠春拳中的超凡地位。

標指的詳細動作如下。

1. 預備勢

雙腳靠合立正，兩手垂於兩腿側，眼向前望，舌頂上齶；目視前方（圖3-282）。

2. 立正抱拳

兩手從雙腿側向上提起至胸部，雙手同時由掌變拳，雙臂稍微用力向後拉，將雙拳拉至胸部的左右兩側，拳心向上，拳背向下；目視前方（圖3-283）。

3. 耕腳開馬

上動不停，兩膝微屈，左腳輕輕貼住地面畫一個半圓形的弧線向左方分開，略寬於肩，左腳尖稍內扣，腳尖指

圖3-282

圖3-283

圖3-284

圖3-285

向中線（圖3-284、圖3-285）；

　　左腳不動，將右腳拖近到左腳後輕輕貼住地面畫一個半圓形的弧線向右方分開，略寬於肩，右腳尖內扣放好，腳尖指向中線（圖3-286～圖3-288）。

圖3-286

圖3-287

圖3-288

圖3-289

4. 交叉耕手

上動不停，雙拳同時變掌在胸前交叉，左手在上，右手在下，雙手手背向下，掌心向上（圖3-289）；

圖3-290

圖3-291

　　雙手在保持重疊不變的情況下一起向下做下插動作，同時雙手內旋，使雙手的手掌背向外朝著身體前方，掌心向內朝著自己的身體，左手在外，右手在內；目視前方（圖3-290）。

5. 交叉攤手

　　上動不停，兩上臂不動，同時屈肘將兩前臂提起，並保持交叉之勢不變，左手在上，右手在下，雙手同時外旋，使其掌背斜向下，而掌心斜向上；目視前方（圖3-291）。

6. 收　拳

　　上動不停，雙手由掌變拳，一起收回胸側，兩臂微用力向後拉，拳心向上，拳背向下；目視前方（圖3-292）。

圖3-292

圖3-293

7. 左日字衝拳

上動不停，以肘底力將左拳沿胸部中線向前直線衝出，手臂伸直與肩平，拳眼向上（圖3-293、圖3-294）；

8. 十字擺指

上動不停，左拳變掌儘量前伸，掌心向右，手指向前（圖3-295）；

圖3-294

先將左掌向下屈腕，使手指向下擺動，再將左掌向上屈腕，使手指向上擺動。如此反覆將掌指向上下擺動共做3次（圖3-296、圖3-297）；

圖3-295

圖3-296

圖3-297

圖3-298

　　將左掌外翻成掌心向上，以手腕為軸心做一內圈手，圈至手指向下時，將手變成掌心向下，手掌儘量前伸，手指向前（圖3-298～圖3-300）；

圖3-299

圖3-300

圖3-301

圖3-302

先將左掌向內屈腕，使手指朝向右擺動，再將左掌向外屈腕，使手指向左擺動。如此反覆將掌指向左右擺動共做3次（圖3-301、圖3-302）；

將左掌外翻成掌心向上，以手腕為軸心做一內圈手，

圖3-303

圖3-304

圈至手指向下時，將手變成
掌心向右，手掌儘量前伸，
手指向前（圖3-303～圖
3-305）；

　　先將左掌向下屈腕，使
手指朝向下擺動，再將左掌
向上屈腕，使手指向上擺
動。如此反覆將掌指向上下
擺動共做3次。見圖3-
296、圖3-297）。

圖3-305

9. 圈手收拳

　　將左掌外翻成掌心向上，以手腕為軸心做一內圈手，
圈至手指向下時，左手變掌成拳，將左拳收回左胸側（圖

圖3-306

圖3-307

圖3-308

圖3-309

3-306—圖3-309）。

10. 右日字衝拳

上動不停，以肘底力將右拳沿胸部中線向前直線衝

圖3-310

圖3-311

出，手臂伸直與肩平，拳眼
向上（圖3-310、圖3-311）；

11. 右十字擺指

上動不停，右拳變掌儘
量前伸，掌心向左，手指向
前（圖3-312）；

先將右掌向下屈腕，使
手指朝向下擺動，再將右掌
向上屈腕，使其手指向上擺
動。如此反覆將掌指向上下

圖3-312

擺動共做3次（圖3-313、圖3-314）；

將右掌外翻成掌心向上，以手腕為軸心做一內圈手，
圈至手指向下時，將手變成掌心向下，手掌儘量前伸，手

圖3-313

圖3-314

圖3-315

圖3-316

指向前（圖3-315～圖3-318）；

先將右掌向內屈腕，使手指朝向左擺動，再將右掌向外屈腕，使其手指向右擺動。如此反覆將掌指向右左擺動

圖3-317

圖3-318

圖3-319

圖3-320

共做3次（圖3-319、圖3-320）；

　　將右掌外翻成掌心向上，以手腕為軸心做一內圈手，圈至手指向下時，將手變成掌心向左，手掌儘量前伸，手

圖3-321

圖3-322

指向前（圖 3-321～圖 3-323）；

　先將右掌向下屈腕，使手指朝向下擺動，再將右掌向上屈腕，使其手指向上擺動。如此反覆將掌指向上下擺動共做 3 次。見圖 3-313、圖 3-314。

12. 圈手收拳

圖3-323

　將右掌外翻成掌心向上，以手腕為軸心做一內圈手，圈至手指向下時，右手變掌成拳，將右拳收回右胸側（圖3-324～圖3-327）。

圖3-324

圖3-325

圖3-326

圖3-327

13. 左右三蓋肘

上動不停，身體右轉成右側身鉗羊馬，同時將左臂屈

圖3-328　　　　　　　　　　圖3-329

曲，左拳變掌，放鬆手腕及手指，左肘上提，儘量貼近耳
邊由上而下向右前方砸下，高及胸部，下砸時將手背貼著
胸口；目視前方（圖3-328）；

　　隨即身體左轉成左側身鉗羊馬，同時將右臂屈曲，右
手由拳變掌，放鬆手腕及手指，右肘上提，儘量貼近耳邊
由上而下向左前方砸下，高及胸部，下砸時將手背貼著胸
口；左手握拳收回於胸側；目視前方（圖3-329）；

　　再次將身體右轉成右側身鉗羊馬，同時將左臂屈曲，
左拳變掌，左肘上提，儘量貼近耳邊由上而下向右前方砸
下，高及胸部，下砸時將手背貼著胸口，手腕、手指儘量
放鬆；右手則變成手掌，掌指向前，掌心向下，置於左腋
下；目視前方（圖3-330）。

圖3-330

圖3-331

14. 肘底右標指

上動不停，右掌由左腋下向身體前方中線直線標出，掌指向前，掌心向下，高及喉部，而左掌亦隨即置於右肘下，掌指向前，掌心向下；目視右前方（圖3-331）。

圖3-332

15. 橋底併步標指

上動不停，左腳踏前與右腳並齊成併步，左掌亦隨即由右肘下沿右手橋底向前方中線直線標出，掌指向前，掌心向下，高及喉部（圖3-332）；

圖3-333

圖3-334

圖3-335

圖3-336

　　雙手同時做一外圈手後握拳，使拳心向上，拳背向下，
將雙拳收回胸側；目視前方（圖3-333～圖3-336）。

圖3-337

圖3-338

16. 圈 步

上動不停，左腳輕輕貼住地面畫一個半圓形的弧線向左方分開，略寬於肩，左腳尖稍內扣，腳尖指向中線，右腳掌亦隨勢微轉使右腳尖指向中線成正身二字鉗羊馬（圖3-337、圖3-338）；

左腳不動，將右腳拖近到左腳後輕輕貼住地面畫一

圖3-339

個半圓形的弧線向右方分開，略寬於肩，右腳尖內扣放好，腳尖指向中線；目視前方（圖3-339～圖3-341）。

圖3-340

圖3-341

17. 左右三蓋肘

上動不停，身體左轉成左
側身鉗羊馬；同時將右臂屈
曲，右拳變掌，放鬆手腕及手
指，右肘上提，儘量貼近耳邊
由上而下向左前方砸下，高及
胸部，下砸時將手背貼著胸
口；目視前方（圖342）；

隨即身體右轉成右側身鉗
羊馬；同時將左臂屈曲，左手

圖3-342

由拳變掌，放鬆手腕及手指，左肘上提，儘量貼近耳邊由
上而下向右前方砸下，高及胸部，下砸時將手背貼著胸
口；右手握拳收回於胸側；目視前方（圖3-343）；

圖3-343

圖3-344

再次將身體左轉成左側身
鉗羊馬；同時將右臂屈曲，右
拳變掌，右肘上提，儘量貼近
耳邊由上而下向左前方砸下，
高及胸部，下砸時將手背貼著
胸口，手腕、手指儘量放鬆；
左手則變成手掌，掌指向前，
掌心向下，置於右腋下；目視
左方（圖3-344）。

圖3-345

18. 肘底左標指

上動不停，左掌由右腋下向身體前方中線直線標出，
掌指向前，掌心向下，高及喉部，而右掌亦隨即置於左肘
下，掌指向前，掌心向下；目視左方（圖3-345）。

圖3-346

圖3-347

19. 橋底併步標指

上動不停，右腳踏前與
左腳並齊成併步，右掌亦隨
即由左肘下沿左手橋底向前
方中線直線標出，掌指向
前，掌心向下，高及喉部
（圖3-346）；

雙手同時做一外圈手後
握拳，使拳心向上，拳背向
下，將雙拳收回胸側；目視
前方（圖3-347～圖3-350）。

圖3-348

20. 圈　步

上動不停，右腳輕輕貼住地面畫一個半圓形的弧線向

圖3-349

圖3-350

圖3-351

圖3-352

右方分開，略寬於肩，右腳尖稍內扣，腳尖指向中線，左
腳掌亦隨勢微轉使左腳尖指向中線成正身二字鉗羊馬（圖
3-351、圖3-352）；

圖3-353

圖3-354

右腳不動，將左腳拖近到右腳後輕輕貼住地面畫一個半圓形的弧線向左方分開，略寬於肩，左腳尖內扣放好，腳尖指向中線；目視前方（圖3-353～圖3-355）。

21. 左劈肘

上動不停，身體右轉成右側身鉗羊馬；同時將左臂屈曲，左拳變掌，放鬆手腕，左肘經體側上提與肩平，斜向胸前下劈，高於胸部，劈出時將手背貼著胸口；右手由拳變掌，掌指向前，掌心向下，貼於左腋下；目視前方（圖3-356）。

22. 肘底右標指

動作同「14」。略。

圖3-355

圖3-356

23. 橋底併步標指

動作同「15」。略。

24. 圈　步

動作同「16」。略。

25. 右劈肘

上動不停，身體左轉成
左側身鉗羊馬；同時將右臂
屈曲，右拳變掌，放鬆手
腕，右肘經體側上提與肩

圖3-357

平，斜向胸前下劈，高於胸部，劈出時將手背貼著胸口；左
手由拳變掌，掌指向前，掌心向下，貼於右腋下；目視前方
（圖3-357）。

26. 肘底左標指

動作同「18」。略。

27. 橋底併步標指

動作同「19」。略。

28. 圈　步

動作同「20」。略。

圖3-358

29. 左劈肘

動作同「21」。略。

30. 肘底右標指

動作同「14」。略。

31. 側身左鑽頸手

上動不停，左拳變成橫掌向右前方直線撐出，掌心斜
向前，手指向外，高及喉部，右掌隨即變拳收回右胸側；
目視前方（圖3-358）。

32. 正身左橫殺頸手

上動不停，身體左轉成正身二字鉗羊馬；同時左掌回
收於胸前成左攔手後，再向左方橫掃，掌心向下，高及喉
部，左手伸盡時須與肩平，和身體成一直線；目視正前方

圖3-359

圖3-360

（圖3-359）。

33. 正身左枕手

上動不停，將左臂肘關節彎曲下垂，用肘底力將左肘拉回至身體的胸前中線，放鬆手腕，掌心向右，掌指向前；目視前方（圖3-360）。

34. 右脫手標指

圖3-361

上動不停，將右拳變掌放在左手肘關節上，掌心向上（圖3-361）；

隨即右掌迅速沿左手橋面向前直衝出標指手，掌心向

圖3-362

圖3-363

下，高及喉部，左手隨即變
拳收回左胸側；目視前方
（圖3-362）。

35. 右圈手收拳

上動不停，右掌外翻成
攤手，掌心向上，手指向前
（圖3-363）；

右掌屈腕使五指向上，
以手腕為軸心，右掌做一內
圈手，當圈至手指向下時，

圖3-364

右手握拳收回於身體右側，高與胸平；目視前方（圖
3-364～圖3-366）。

圖3-365

圖3-366

36. 右劈肘

動作同「25」。略。

37. 肘底左標指

動作同「18」。略。

38. 側身右鏟頸手

上動不停，右拳變成橫掌向左前方直線撐出，掌心斜向前，手指向外，高及喉

圖3-367

部，左掌隨即變拳收回左胸側；目視左方（圖3-367）。

圖3-368

圖3-369

39. 正身右橫殺頸手

上動不停，身體右轉成正身二字鉗羊馬；同時右掌回收於胸前成右攔手後，再向右方橫掃去，掌心向下，高及喉部，右手伸盡時須與肩平，和身體成一直線；目視正前方（圖3-368）。

40. 正身右枕手

上動不停，將右臂肘關節彎曲下垂，用肘底力將右肘拉回至身體的胸前中線，放鬆手腕，掌心向左，掌指向前；目視前方（圖3-369）。

41. 左脫手標指

上動不停，將左拳變掌放在右手肘關節上，掌心向上

圖3-370

圖3-371

（3-370）；

隨即左掌迅速沿右手橋面向前直衝出標指手，掌心向下，高及喉部，右手隨即變拳收回右胸側（圖3-371）。

42. 左圈手收拳

左掌外翻成攤手，掌心向上，手指向前（圖3-372）；

圖3-372

左掌屈腕使五指向上，以手腕為軸心，左掌做一內圈手，當圈至手指向下時，左手握拳收回於身體左側，高與胸平；目視前方（圖3-373～圖3-375）。

圖3-373

圖3-374

43. 左劈肘

動作同「21」。略。

44. 肘底右標指

動作同「14」。略。

45. 側身左下路鏟手

上動不停，左拳變成橫
掌向右前下方的腹部位置直
線撐出，掌心斜向前，手指

圖3-375

向外，高及小腹，右掌隨即變拳收回右胸側；目視右方
（圖3-376）。

圖3-376

46. 正身左枕手

上動不停，將身體左轉成正身二字鉗羊馬。用肘底力使左臂肘關節彎曲下墜，從而帶動前臂畫一個圈，從外側蕩起再朝身體胸前中線切下，放鬆手腕，掌心向右，掌指向前；目視前方。見圖3-360。

47. 右脫手標指

動作同「34」。略。

48. 右圈手收拳

動作同「35」。略。

49. 右劈肘

動作同「25」。略。

50. 肘底左標指

動作同「18」。略。

51. 側身右下路鏟手

上動不停，右拳變成橫掌向左前下方的腹部位置直線撐出，掌心斜向前，手指向外，高及小腹，左掌隨即變拳收回左胸側；目視左方（圖3-377）。

圖3-377

52. 正身右枕手

上動不停，將身體右轉成正身二字鉗羊馬，用肘底力使右臂肘關節彎曲下墜，從而帶動前臂畫一個圈，從外側蕩起再朝身體胸前中線切下，放鬆手腕，掌心向左，掌指向前；目視前方。見圖3-369。

53. 左脫手標指

動作同「41」。略。

54. 左圈手收拳

動作同「42」。略。

圖3-378

圖3-379

55. 左右上下耕手三式

上動不停，身體左轉，重心落於右腳，身體成左側身鉗羊馬；同時左手以肘關節為軸將前臂向腰部左側方向畫弧下格，掌心斜向內，手指向下；右手沿胸前從右向左橫推，手指向上，掌心向左；目視左前方（圖3-378）；

身體右轉，重心落於左腳，身體成右側身鉗羊馬；同時右手以肘關節為軸將前臂向腰部右側方向畫弧下格，掌心向外，手指向下；左手沿胸前從左向右橫推，手指向上，掌心斜向內；目視右前方（圖3-379）；

身體左轉，重心落於右腳，身體成左側身鉗羊馬；同時左手以肘關節為軸將前臂向腰部左側方向畫弧下格，掌心向外，手指向下；右手沿胸前從右向左橫推，手指向上，掌心斜向內；目視左前方（圖3-380）。

圖3-380

圖3-381

56. 正身左伏手

上動不停，將身體右轉成正身二字鉗羊馬。用肘底力使左臂肘關節彎曲下墜，從而帶動前臂畫一個圈，從外側蕩起再朝身體胸前中線切下，放鬆手腕，掌心向下，掌指向前；右掌則放在左手肘關節上，掌心向下，掌指向前；目視前方（圖3-381）。

57. 右脫手標指

動作同「34」。略。

58. 右圈手收拳

動作同「35」。略。

圖3-382

圖3-383

59. 左右上下耕手三式

上動不停，身體右轉，重心落於左腳，身體成右側身鉗羊馬；同時右手以肘關節為軸將前臂向腰部右側方向畫弧下格，掌心向外，手指向下；左手沿胸前從左向右橫推，手指向上，掌心向內；目視右前方（圖3-382）；

身體左轉，重心落於右腳，身體成左側身鉗羊馬；同時左手以肘關節為軸將前臂向腰部左側方向畫弧下格，掌心向外，手指向下；右手沿胸前從右向左橫推，手指向上，掌心斜向內；目視右前方（圖3-383）；

身體右轉，重心落於左腳，身體成右側身鉗羊馬；同時右手以肘關節為軸將前臂向腰部右側方向畫弧下格，掌心向外，手指向下；左手沿胸前從左向右橫推，手指向上，掌心斜向內；目視右前方（圖3-384）。

圖3-384

圖3-385

60. 正身右伏手

上動不停，將身體左轉成正身二字鉗羊馬。用肘底力使右臂肘關節彎曲下墜，從而帶動前臂畫一個圈，從外側蕩起再朝身體胸前中線切下，放鬆手腕，掌心向下，掌指向前；左掌則放在右手肘關節上，掌心向下，掌指向前；目視前方（圖3-385）。

61. 左脫手標指

動作同「41」。略。

62. 左圈手收拳

動作同「42」。略。

圖3-386　　　　　　　圖3-387

63. 正身問手三式

上動不停，左手變拳為掌，左肘外翻帶動左掌向體側揮擺，左臂展開伸直，高於頭頂，掌心翻轉向外，手指向外；同時右手成掌，沿胸前從右向左橫推，手指向上，掌心向左；目視左上方（圖3-386）；

再將右肘外翻帶動右掌向體側揮擺，右臂展開伸直，高於頭頂，掌心翻轉向外，手指向外；同時左手沿胸前從左向右橫推，手指向上，掌心向右；目視右上方（圖3-387）；

再次將左肘外翻帶動左掌向體側揮擺，左臂展開伸直，高於頭頂，掌心翻轉向外，手指向外；同時右掌沿胸前從右向左橫推，手指向上，掌心向左；目視左上方。見圖3-386。

圖3-388

圖3-389

64. 正身左伏手

上動不停，將左手用肘底力拉回胸部中線再微向前切出，左肘微屈，掌心向下，掌指向前，放鬆手腕；右手則握拳於胸側（圖3-388）。

65. 圈鐮手三式

上動不停，身體左轉成左側身鉗羊馬；同時，左手腕彎曲內圈成勾手形狀，在轉馬的帶動下向左畫弧（圖3-389）；

將身體右轉成正身二字鉗羊馬，左手則變回伏手，掌心向下，掌指向前，見圖3-388；

身體左轉成左側身鉗羊馬，同時，左手腕彎曲內圈成勾手形狀，在轉馬的帶動下向左畫弧。見圖3-389；

再次將身體右轉成正身二字鉗羊馬，左手由勾手變成伏手，掌心向下，掌指向前。見圖3–388；

身體左轉成左側身鉗羊馬；同時，左手腕彎曲內圈成勾手形狀，在轉馬的帶動下向左畫弧。見圖3–389。

66. 正身左伏手

上動不停，將身體右轉成正身二字鉗羊馬，左手由勾手變成伏手，掌心向下，掌指向前。見圖3–388。

67. 右脫手標指

動作同「34」。略。

68. 右圈手收拳

動作同「35」。略。

69. 正身問手三式

上動不停，右手變拳為掌，右肘外翻帶動右掌向體側揮擺，右臂展開伸直，高於頭頂，掌心翻轉向外，手指向外；同時左手成掌，沿胸前從左向右橫推，手指向上，掌心向右；目視右上方。見圖3–387；

再將左肘外翻帶動左掌向體側揮擺，左臂展開伸直，高於頭頂，掌心翻轉向外，手指向外；同時右手沿胸前從右向左橫推，手指向上，掌心向左；目視左上方。見圖3–386；

再次將右肘外翻帶動右掌向體側揮擺，右臂展開伸直，高於頭頂，掌心翻轉向外，手指向外；同時左掌沿胸

圖3-390

圖3-391

前從左向右橫推，手指向上，掌心向右；目視右上方。見圖3-387。

70. 正身右伏手

上動不停，將右手用肘底力拉回胸部中線再微向前切出，右肘微屈，掌心向下，掌指向前，放鬆手腕；左手則握拳於胸側（圖3-390）。

71. 圈鐮手三式

上動不停，身體右轉成右側身鉗羊馬；同時，右手腕彎曲內圈成勾手形狀，在轉馬的帶動下向右畫弧（圖3-391）；

將身體左轉成正身二字鉗羊馬，右手則變回伏手，掌心向下，掌指向前。見圖3-390；

身體右轉成右側身鉗羊馬；同時，右手腕彎曲內圈成勾手形狀，在轉馬的帶動下向右畫弧（圖3-391）；

再次將身體左轉成正身二字鉗羊馬，右手由勾手變成伏手，掌心向下，掌指向前。見圖3-390；

身體右轉成右側身鉗羊馬；同時，右手腕彎曲內圈成勾手形狀，在轉馬的帶動下向右畫弧。見圖3-391。

72. 正身右伏手

上動不停，將身體左轉成正身二字鉗羊馬，右手由勾手變成伏手，掌心向下，掌指向前。見圖3-390。

73. 左脫手標指

動作同「41」。略。

74. 左圈手收拳

動作同「42」。略。

75. 正身標指三式

上動不停，左拳變掌，左前臂內旋使掌心向下，沿胸前中線向前衝出，高及喉部，手指向前(圖3-392)；

隨即右拳變掌置於左肘下方，迅速沿左手橋面下方向前直衝出標指手，掌心向

圖3-392

圖3-393

圖3-394

下，高及喉部，左手隨即收
回於右肘關節下方（圖
3-393、圖3-394）；

左掌迅速沿右手橋面下
方向前直衝出標指手，掌心
向下，高及喉部，右手隨即
握拳收回於身體右側，高與
胸平；目視前方（圖3-
395）。

圖3-395

上述乃一連串動作，中
間不要停頓。

76. 側身左鏟頸手

上動不停，身體右轉成右側身鉗羊馬，帶動左手變成

圖3-396　　　　　　　　圖3-397

橫掌向右橫鑱，掌心斜向前，手指斜向外，左手腕儘量前撐（圖3-396）。

77. 正身左橫殺頸手

上動不停，身體左轉成正身二字鉗羊馬，同時左掌回收於胸前成左攔手後，再向左方橫掃去，掌心向下，高及喉部，左手伸盡時須與肩平，和身體成一直線；右手成護手立於胸前；目視左手前方（圖3-397）。

78. 正身左枕手

動作同「33」。略。

79. 右脫手標指

動作同「34」。略。

圖3-398

圖3-399

80. 右圈手收拳

動作同「35」。略。

81. 正身標指三式

上動不停，右拳變掌，右前臂內旋使掌心向下，沿胸前中線向前衝出，高及喉部，手指向前（圖3-398）；

圖3-400

隨即左拳變掌置於右肘下方，迅速沿右手橋面下方向前直衝出標指手，掌心向下，高及喉部，右手隨即收回於左肘關節下方（圖3-399、圖3-400）；

右掌迅速沿左手橋面下方向前直衝出標指手，掌心向

圖3-401　　　　　　　　　圖3-402

下，高及喉部，左手隨即握拳收回於身體左側，高與胸平；目視前方（圖3-401）。

上述乃一連串動作，中間不要停頓。

82. 側身右鏟頸手

上動不停，身體左轉成左側身鉗羊馬，帶動右手變成橫掌向左橫鏟，掌心斜向前，手指斜向外，右手腕儘量前撐（圖3-402）。

83. 正身右橫殺頸手

上動不停，身體右轉成正身二字鉗羊馬，同時右掌回收於胸前成右拍手後，再向右方橫掃去，掌心向下，高及喉部，右手伸盡時須與肩平，和身體成一直線。右手成護手立於胸前；目視右手前方（圖3-403）。

圖3-403　　　　　　　　圖3-404

84. 正身右枕手

動作同「40」。略。

85. 左脫手標指

動作同「42」。略。

86. 左圈手收拳

動作同「43」。略。

87. 正身擒拿手

圖3-405

　　上動不停，雙手伸展成掌前伸，手臂伸直時迅速將雙手抓握成拳，雙手與肩同高，雙拳拳眼相對、間隔一拳的距離，拳心向下（圖3-404、圖3-405）。

圖3-406　　　　　　　　圖3-407

88. 左轉身摔

上動不停，身體左轉成左側身鉗羊馬，帶動雙臂向左擺動牽拉（圖3-406）。

89. 左勾拳

上動不停，身體右轉成正身二字鉗羊馬，左臂彎曲成90°角，左手在身體右轉的帶動下向上豎勾，略向右超過身體中線，拳頭高與胸平；右手則收回於身體右側，高與胸平（圖3-407）。

90. 左橫殺頸手

上動不停，左手變拳為掌，左內圈成掌指向外，掌心向前，沿身體中線向身體前方直線撐出，高與咽喉平齊（圖3-408、圖3-409）。

圖3-408　　　　　　　　　圖3-409

91. 左圈手收拳

動作同「42」。略。

92. 正身擒拿手

上動不停，雙手伸展成掌前伸，手臂伸直時迅速將雙
手抓握成拳，雙手與肩同高，雙拳拳眼相對，間隔一拳的
距離，拳心向下（圖3-410、圖3-411）。

93. 右轉身摔

上動不停，身體右轉成右側身鉗羊馬，帶動雙臂向右
擺動牽拉（圖3-412）。

94. 右勾拳

上動不停，身體左轉成正身二字鉗羊馬，右臂彎曲成

圖3-410

圖3-411

圖3-412

圖3-413

90°角，右手在身體左轉的帶動下向上豎勾，略向左超過身體中線，拳頭高與胸平；左手則收回於身體左側，高與胸平（圖3-413）。

圖3-414

圖3-415

95. 右橫殺頸手

上動不停，右手變拳為掌，右內圈成掌指向外，掌心向前，沿身體中線向身體前方直線撐出，高與咽喉平齊（圖3-414、圖3-415）。

96. 右圈手收拳

動作同「35」。略。

97. 鞠躬車輪手三式

圖3-416

上動不停，雙手在胸前合掌成拜佛狀，將雙手合掌舉過頭頂，雙手放鬆，在上身前伏的帶動下將雙手向前下垂落，儘量觸及地面（圖3-416～圖3-418）；

圖3-417

圖3-418

圖3-419

圖3-420

　　上身向上挺起直立，帶動雙手向頭頂上方舉起翻轉，再左右分開，下落於胸前，左手成攤手姿勢，右手成護手姿勢（圖3-419、圖3-420）；

再將雙手在胸前合掌成拜佛狀，將雙手合掌舉過頭頂，雙手放鬆，在上身前伏的帶動下向下面垂落，儘量觸及地面。見圖3-416～圖3-418；

上身再向上挺起直立，帶動雙手向頭頂上方舉起翻轉，再左右分開，下落於胸前，右手成攤手姿勢，左手成護手姿勢（圖3-421）；

圖3-421

再重複將雙手在胸前合掌成拜佛狀，將雙手合掌舉過頭頂，雙手放鬆，在上身前伏的帶動下向下面垂落，儘量觸及地面。

上身再向上挺起直立，帶動雙手向頭頂上方舉起翻轉，再左右分開，下落於胸前，左手成攤手姿勢，右手成護手姿勢。見圖3-420。

98. 正身連環衝拳三式

上動不停，左掌變拳沿胸前中線向前衝出，拳眼向上；右掌同時變拳回收於胸前中線，靠近左肘關節上方位置，拳眼向上（圖3-422）；

上動不停，右拳沿左前臂橋面向前直線衝出，拳眼向上；左拳亦同時回收於胸前中線，靠右肘關節上方位置，拳眼向上（圖3-423）；

圖3-422

圖3-423

圖3-424

　　上動不停，左拳沿右前臂橋面向前直線衝出，拳眼向上；右拳亦同時回收於右胸側，目視前方（圖3-424）。

　　上述乃一連串動作，中間不要停頓。

99. 左圈手收拳

動作同「42」。略。

100. 收　勢

上動不停。雙腳合攏，立正收勢，目視前方（圖3-425）。

圖3-425

第五節　黐手訓練

在實戰對搏中，誰都不會主動採取黐手形式，首要的是簡單直接地攻擊對手。當出手受阻需要變化來達到目的時，即可以發揮平時練習黐手那種反應純熟快捷機巧的靈敏性，去應付千變萬化的局勢。不論對手會不會黐手都一樣對付，全憑自己的反應靈敏，取得先機去戰勝對手，故詠春黐手是詠春「無招勝有招」的主要依據和入門鑰匙。

黐手技術，是一種雙人以單手或雙手手臂相交，手腕黏靠在一起，以伏手、攤手、膀手等幾種基本手型相生相剋，來回順、逆時針滾動並在適時做出一些攻擊動作，另一方相應做出防守動作來訓練人的橋手「聽勁」（即感覺對方來拳與力量變化）以及手肘的「肘底力」變化和人自身本能反應能力的方法。是兩個人透過雙方橋手互相接

觸，利用平時學到的種種手法、身形和步法，以單黐手或雙黐手，定步式或活步式，按照個人的練習程度互相模擬攻防，讓雙方切實地體認到攻防技擊的變化。

不少人練拳，只是由頭到尾操練多遍，便以為可以致用於實戰，這是大錯特錯，因為這種練拳方式只是依樣畫葫蘆，練空架子而已。當碰到一個真正會武的對手時，肯定會手忙腳亂，根本使不出平時學到的招式，所以這種練拳方法只能健身，不能自衛。

各家各派都有它們訓練用於實戰的方式和方法，詠春拳的黐手就是其中一種既科學又有實效的方法。黐手是真實的對抗性練習，雖然它與真正的對抗性搏擊實戰還有一大段的距離，但它也不是人們常見的那種你來我往、虛為招架的推手。黐手不能代替實戰，卻是一套既能檢驗自己基本功夫，又是拳術過渡至實戰階段的最佳訓練方法，它也是一種有效的切磋手段，是詠春拳實戰訓練的一個重要組成部分。

拳術在實戰中，雙方都有一個肢體互相接觸的過程，這個過程非常短暫，但在這個電光石火間的接觸，就已能分出勝負，這短暫的互相接觸，就是把自己的力量作用到對方身上的契機。雙方肢體互相接觸，就有一個接觸「點」，力量透過這個「點」作用到對方身上，以期達到克敵制勝的效果，而效果的優劣，就要看彼此功力的強弱，以及是否得機和得勢。

黐手訓練時，雙方橋手接觸的地方「點」，成為雙方短兵相接的焦點，彼此都極力希望控制這個焦點，故此黐

手訓練可以有效地訓練雙手有觸必應、手隨意轉、隨感而發的聽勁功夫。

當彼此橋手搭在一起，手臂皮膚互相接觸，雙方的力量由這個接觸點向對方起了作用。我們知道，人體對外力變化最先的感覺就是由皮膚的觸覺和本體感覺得來的，經過黐手訓練，橋手的觸覺就會特別敏銳，對外力變化反應更加敏感和準確，反應速度來得更快。

一般來說，練武的人對外來力量的反應可以分成三個層次，當皮膚感應到外力的變化後，會很自然地由手法變化來應付，一旦手法的變化不足以應付外來的力道，就會利用身形、步法的進退、起落加以應付，所以在黐手訓練過程中，除了手法的變化外，還得有身法和步法的緊密配合，互相協調。練武格言中的「以形補手把敵拋」正是這個意思。

詠春拳術講究子午歸中，即是不但要奪取對手的中線，更要保衛自己的中線，做到守中用中。子午可以說是人體的中線，是重心所繫，一旦中線不保，重心必失，就會為敵所乘，受敵所制。在黐手練習中，由於目的性十分明確，雙方橋手一經搭上，就會開始攻防動作，其過程由雙方攻防動作的變化所決定，所以沒有固定的招式，而是隨意而發、應感而發，當然其招式必須是平時所學習過的，無限制去發揮。

初練黐手時不可以用拙力互相對抗，而應該以輕柔為主，但有些力流和力覺一定要清楚，身形必須上虛下實，形鬆意緊，上身永遠保持鬆沉不著力，旨在訓練雙手聽勁

的靈敏，反應敏捷。當練習比較長的一段時間後，慢慢領會了詠春拳真正的功夫蘊藏於下盤，才能進一步地練習離橋的過手對練。

黐手是詠春拳術技法的一個重要組成部分，一個不可或缺的訓練過程。黐手的優劣直接影響到實戰的表現，故此要能戰，必先把黐手練好。

在黐手訓練中，強調沒有「固定的招數」，並非指「沒有招式」，這是要特別注意的指導性觀念。「招」是指一個動作，「式」是一種外形，有時兩式或兩式以上的動作合併在一起，便構成一招。

在黐手訓練中，一些最好的、最簡單的、能在最短時間內使用出來的招式（如攤、伏、膀、日字拳等），將拳法變成練習者本人的「習慣性反應」。如此，經練習者不斷地重複對練，便可在激烈的對搏中，在不可能預知對方使用出什麼樣的拳法的情況下，自己便能在突然之間本能地做出相應的攻防反應，出手制敵。

詠春拳黐手訓練把傳統的對攻防反應訓練的「眼看、腦想、手動」的形式變為「眼看、手動」的反應訓練。靠著手部對力度改變的感覺，配合活用的最實用的詠春拳術招式，將之訓練成為一種本能的條件反射動作。這便是黐手訓練的最終目的。

一、單黐手訓練

單黐手可以為初學者提供一種簡單而有效的練習，幫助他們瞭解基本原理。首先，必須保持良好的身形和身

架，這樣才能瞭解穩定的根基對技術的重要性。練習者要學會黏住對方的手臂，以便感知其意圖。

　　一個人以特定的招式攻擊，其訓練夥伴學習消解和還擊的技巧。當攻擊被返還時，原來的攻擊者感知到對方的動作立即進行防守。在整個單黐手訓練過程中，雙方以二字鉗陽馬站立，以膀、攤、伏三種防守方法和日字拳（或掌）的攻擊手作為其訓練對象。須寸步不移，即純粹以訓練橋手感覺為主旨。

　　單黐手訓練雖是單手，但雙方攻防兼備，且攻防變化總是按順序依次進行，循環不絕，沒有所謂的始終。

　　【動作說明】

　　雙方以二字鉗陽馬相對站立，同伴以伏手從外向裏伏住我方（右側站立者）橋手，我方同時從裏向外攤住同伴的橋手（圖3-426）。

　　由於我方是攤手，手的位置在同伴橋手的上方（在上者稱生手，在下者稱死手，逢生必攻，逢死化生，此為黏變化之道），故此時我方由攤手變日字衝拳或印掌向同伴面門攻擊；同伴的伏手則跟著我方的攻擊動作作相應的變化，同伴將橋手略向回收，並將手下伏輕壓我方的橋手（圖3- 427）。

　　此時同伴的橋手在我方橋手之上，故生手者為同伴，同伴的

圖3-426

圖3-427

圖3-428

伏手變日字拳或印掌攻擊我方；我方從橋底貼住同伴的橋手，變成膀手阻截對方的攻擊動作（圖3-428）。

我方膀手從橋底攀上，變攤手；同伴日字拳或印掌變伏手（圖3-429）。

按照上述動作生生不息地循環練習。

圖3-429

【動作要領】

在練習時，雙方動作輕柔，感覺到對方用力後再變化動作，整個動作過程以意為主，順著對方的變化而變化，不要機械地進行黐手動作。還要做到腰馬穩固，不要在整個練習過程中身體一直搖晃。

當練習到一定的次數後，雙方可以將練習的動作互

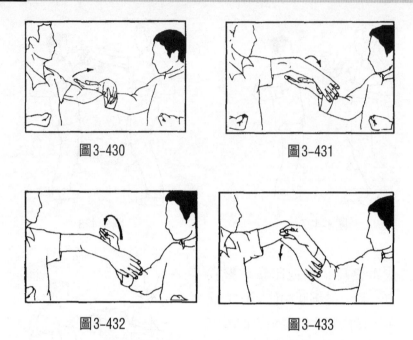

圖3-430

圖3-431

圖3-432

圖3-433

換，方法是這樣的：

我方的攤手貼著同伴的手臂由內向外圈手，當圈至同伴的手臂外側時，同伴為了防禦我方手臂在變化的時候發起攻擊，變伏手為膀手進行防禦。當我方完成圈手動作時，同伴再變膀手為攤手，形成同伴從裏向外攤住我方橋手，我方從外向裏伏住同伴橋手，如此再進行黐手練習（圖3-430～圖3-433）。雙手自由交替練習。

很重要的一點就是，不要讓這一系列技術成為一種習慣性動作，因此可以試著先形成一種節奏，然後打破它，看對方是不是能夠對攻擊做出反應。如果對方的防禦動作是預先想好的，那麼你就可以感覺出來，在攻擊之前他已

經做出了些微的防禦，假如突然停止攻擊，對方就會擺出一個毫無意義的姿勢。

一定要讓肢體獨立動作，不要讓這些動作引起身體的晃動。要學會從肘部，而不是從拳頭或手掌發力。在單黐手中還要對身架進行訓練，雙腿要由蹬地來產生力量。在單黐手中還會學到的其他技巧包括：中線的控制，勁的正確運用，肘底力或三角力等（由關節的正確定位以及肌肉的有效運用，可以用最小的付出產生最大的力量）。在學會單黐手之後，可以引入一些手法的變化。這也有助於建立一種觀念，即雙手在不受力時要迅速返回中線位置。離手思想（甩手直衝）也可以在該階段引入，如果一方的手突然從練習中撤出，或者是在防禦中動作過度，那麼另一方的自由手就應該立刻向前直擊，或是攻擊中線。

然後可以練習偏身單黐手，或者說引入轉馬和步法的單黐手。所有的這些技巧在後面的雙黐手中都會用到，因而在這個早期階段瞭解這些概念是非常有用的。

二、攤手與拍手

攤手和拍手是基本的詠春拳攻擊技術，也可以用於控制和防禦。練習者必須花費大量的時間來學習這兩種動作，熟悉它們的各種用法。

（一）攤　手

攤手用於我方前手與對方手臂接觸，想用後手實施攻擊的情況。用前手短促地拉扯對方手臂——通常是向下的，同

圖3-434

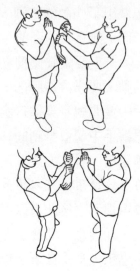

時用另一隻手發起攻擊。對方的
手臂被拉向一側，其身體則被拉
到了攻擊路線上（圖3-434）。
攦手通常是從轉馬發出的。

　　攦手訓練是循環進行的：一
個人實施攦手技術，同時發出正
馬衝拳，另一個以轉馬膀手進行
防禦。然後，防守方實施攦手，

圖3-435

護手變為衝拳，同時身體轉回原來的位置。原來的攻擊者
則以轉馬膀手進行防禦（圖3-435）。重複該過程。

　　如果防守方用實施膀手的那隻手抓住並猛拉攻擊方實
施攦手的那條手臂，那麼就可以實現攻守互換。

　　在整個訓練過程中一定要保持放鬆。不僅要留心實施
膀手或衝拳時不要動作過度，而且必須始終注意中線的位

置。在實施攤手時，最好不斷改變速度和力量，這樣可以檢測對方的膀手是否正確。在攤手訓練中製造變化和干擾是很容易的。這樣的變化可以提高應變能力，發展更為全面的技巧。

（二）拍 手

拍手就是手掌的短促拍擊。拍手可以用作非確定性的防守動作，或者也可以用於拍開對方手臂，為另一隻手的攻擊掃清道路。這種攻擊通常是由前手發出的（圖3-436）。

如我們前面所說，如果你以過大的力度攻擊一個高手，那麼對方會借你的力來攻擊你。如果你的攤手或拍手技術使用不當，那麼很容易被對方防住。

不要以為它們只是為你的攻擊手掃清障礙的手段，其實它們的用處要大得多。

如果你在與對方手臂接觸時發起攻擊，那麼對方就能夠感知到你的攻擊，倘若對方功夫不錯，就可以成功地實施防守。拍手和攤手都可以用於擺脫來自防守者的潛在攻擊，將形勢瞬間從「來留」（防守者）變為「去送」（攻擊者）。

這些技巧還可以用於將攻擊從身體的一側轉到另一側，從內門轉到外門（反之

圖3-436

亦然）或者以另一隻手（後手）形成接觸。拍手之後可以緊接攤手，攤手也可以中途變為拍手。

通常說來，最安全、最俐落的攻擊都是由拍手或攤手形成的。其他合理的攻擊時機只有在「甩手直衝」的情況下，或者在對方的手離開你的防守區讓你能夠溜過其防線的時候。用力過大通常會形成適合對方使用攤手或拍手的狀態。

在進行攤手的循環練習時，儘量不要一直保持類似膀手防禦——中線衝拳這樣的節奏。可以把膀手和反擊看作是一個完整的動作。這樣一來你就可以形成一種良好的習慣，防守之後立刻發起攻擊，中間沒有任何間隙。

三、雙黐手

黐手是詠春拳之所以區別於其他拳法的基本原因之一。其他任何拳法的訓練方法都無法以如此之快的速度讓拳手掌握其技巧。

黐手的獨特練習方法能夠讓我們敏銳地感知到對手最細微的動作，並根據實時的情況做出反應。我們可以非常清楚地意識到自己雙手與身體的相對位置。由於我們的手和手腕是與對方相接觸的，因而我們就可以本能地知道對方的雙手在哪，於是就可以相對容易地阻止對方擊中我們。

前臂、手和手指對於動作都是非常敏感的，而且能夠以非常精微的方式加以控制。例如，在拿起一個細小的物體時，我們所用的力量跟提起一大袋馬鈴薯所用的力是不

同的。我們會根據需求調整握力，如果東西比較滑，神經系統的反饋會自動地告訴我們需要握得更緊一些或者改變握的位置。黐手基本就屬於這種下意識的行為。

黐手的目的是將套路與實戰連接起來。從中我們可以很快地學會怎樣在安全環境下隨意地運用實戰技術。受傷的風險很低，因為黐手是一個學習過程而不是實戰格鬥。

研究表明，隨意的練習比按照套路練習要有效得多，黐手中會學習一些技術，但通常都是試驗性的和隨意性的。你永遠不知道下一個動作是什麼，必須感知對方的攻擊，以便進行正確的防禦。另外，並沒有明顯的證據顯示，學習技術時所處的狀態必須跟最終使用這些技術時所處的狀態一模一樣。

很明顯，黐手必須要集中精力，而且需要很高的技巧。首先，其難點在於，學員必須努力去應對不斷變化的情況，使用他們可能並不熟悉的手法。為了讓學員能夠熟悉這一過程，可以先進行一些簡單的練習。

雙黐手從其特點和訓練層次來畫分，可分為兩個階段：第一階段是盤手訓練，第二階段是過手訓練。

（一）盤　手

盤手的動作是兩人正面相對而立，站二字鉗羊馬，甲乙雙方手臂彼此相搭，然後雙方的手臂上下左右翻滾，猶如在一個無形的圓圈中來回盤旋。而這個圓圈彷彿將甲乙雙方的橋手套在裏面一般，在盤旋過程中，永遠不會超過這個圓周。

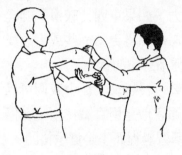

圖3-437

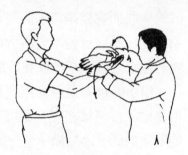

圖3-438

【盤手的練習】

我方以右攤手、左伏手，同伴以左伏手、右膀手互相搭橋（圖3-437）。然後開始盤旋，雙方伏手不變，根據對方的用力將攤手變膀手，膀手則變攤手（圖3-438），週而復始，生生不息（圖3-439）。

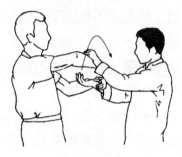

圖3-439

對於初次接觸雙黐手的練習者可能一時理解不了雙黐手的動作方法。由於在雙黐手時，我方在感覺對方用力的同時，也在向對方的身體用力，雙方都是有攻有守，無法攻守兼顧。我們換一個方式來學習的話就會容易得多，從完全防守的角度來理解雙手在雙黐手時的變化：我方以雙手置於同伴的雙手內側進行盤手。我方以左手為攤手，右手為膀手貼在同伴的雙手臂內側，同伴則以雙手成伏手由外向內伏在我方的雙手上（圖3-440）。當對方根據「單黐

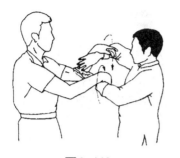

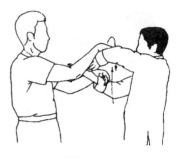

圖3-440　　　　　　　　圖3-441

手」時的動作方法來施力配
合時，我方將膀手變攤手，
攤手變膀手（圖3-441），
在這個過程中雙方手臂形成
上下左右翻滾情形，如此週
而復始的進行練習（圖3-
442）。以此練習黐手時的
手感和技巧變化。

圖3-442

　　一旦掌握了這些技巧，學員就可以進一步進行盤手的
練習。該練習中包含了黐手的基本手形，膀手、攤手和伏
手，但是沒有包含手法攻擊技術，從這個練習中學員可以
學會手法的變化，自然地進入全面的黐手練習。

　　盤手是整個黐手訓練的一部分，但是它也可以用作技
術之間的調整動作。

　　（二）過　手

　　一旦學員學會了簡單的盤手，提高了手法的靈敏性，

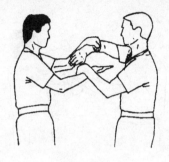

圖3-443　　　　　　　　圖3-444

下一步就是學習怎樣將手流
暢地從內門轉到外門，反之
亦然。這種技巧主要依賴於
良好的手感和時機的掌握，
同時也能幫助學員提高這方
面的感覺。

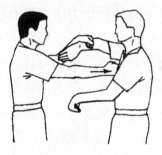

圖3-445

　　過手練習可以很好地幫
助練習者提高散手中的近戰
能力，可以將練習中的技術動作和透過練習獲得的手感在
實戰中發揮出來，利用對方技術和手部觸覺上的盲點反制
對方。

1. 內門變外門

　　從盤手姿勢開始，我方以右攤手、左伏手，同伴以左伏
手、右膀手互相搭橋。我方右攤手化作一內圈手從同伴的伏
手下滑掉，然後以日字衝拳擊打同伴的身體中門（圖3-
443～圖3-445）。

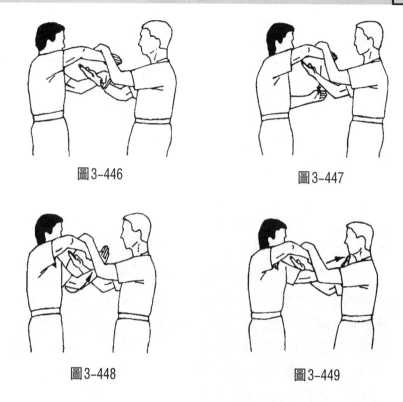

圖3-446   圖3-447

圖3-448   圖3-449

2. 外門變內門

從盤手姿勢開始，我方以右膀手、左伏手，同伴以左伏手、右攤手互相搭橋。

我方左伏手化作一外圈手從同伴的攤手外側滑至內側，然後以印掌擊打同伴的身體中門（圖3-446～圖3-449）。

手法的變化與圈手類似，手以腕為軸，向手臂的另一側滾動。時機非常重要，因為這種變化必須從滾動的頂部

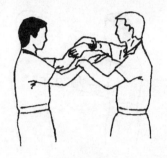

圖3-450

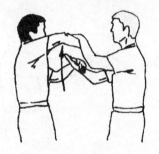

圖3-451

或底部開始，並且能夠迅速完
成，以免被對方察覺到。

在從外門到內門的轉換
中，伏手從手臂下方向內滾
動，變為攤手，迫使對方轉為
伏手，以免被我方擊中。在從
內門到外門的轉換中，攤手從
手臂下方向外滾動，變為伏手

圖3-452

或耕手，迫使對方手法進行相應的變化。在進行手法的轉
換時必須盡可能地保持手腕接觸。

在實戰中，我方可以故意貼近對方的橋手，突然用一
隻手控制對方的橋手，另一隻手迅速配合進行擊打。

3. 推壓左肘的一伏二練習

盤手過程中，我方左伏手配合外圈手的動作從同伴的
雙橋手下繞過，以手掌推壓同伴的左肘，右手乘機以日字
衝拳擊打同伴的面門（圖3-450～圖3-453）。

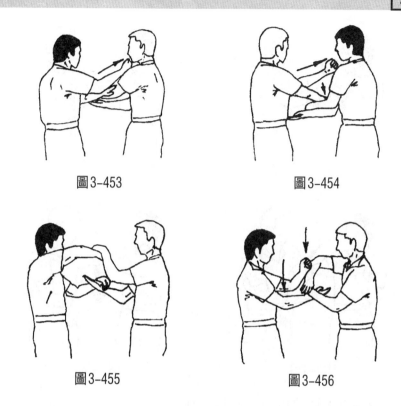

圖3-453　　　　　　　　圖3-454

圖3-455　　　　　　　　圖3-456

　　緊接著，右手收回伏在同伴雙手橋面上，配合左日字衝拳擊打同伴的面門（圖3-454）。

4. 推右肘的一伏二練習

　　盤手過程中，我方左手以日字衝拳擊打同伴，同伴右手成膀手進行化解，我方左手稍用力下按同伴的右膀手，使其與自己的左伏手上下重疊在一起（圖3-455～圖3-457）。然後，我方右手順勢從同伴的左伏手下掀起，以右手稍推壓同伴的右肘，左手成日字衝拳進行擊打（圖

圖3-457

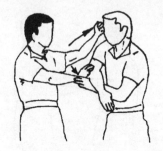

圖3-458

圖3-459

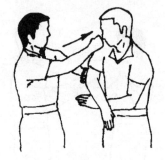

圖3-460

3-458）。繼而以左手推壓同伴
的右肘，右手成日字衝拳進行擊
打（圖3-459、圖3-460）。

5. 下壓橋手的一伏二練習

盤手過程中，我方雙手稍由
外向內施力，帶動同伴的雙手跟
隨到身體中線位置上，我方左手

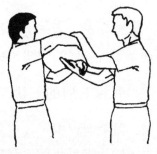

圖3-461

乘機由上向下按壓同伴的右橋手（圖3-461～圖3-
463），同時將右手從同伴的左橋手下抽出以日字衝拳擊

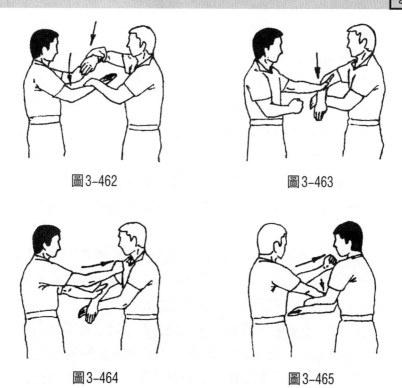

圖3-462　　　　　　　　圖3-463

圖3-464　　　　　　　　圖3-465

打同伴（圖3-464），再用右手推壓同伴的右肘，左手成
日字衝拳進行擊打（圖3-465）。

四、黐手變化與自由手

　　還可以在黐手中引入一個不同的手法變化體系。透過
手臂被推開之後必須快速而流暢地返回中線這一思想的運
用，即使非常輕微的偏心力也可能導致黐手的手法變化。

　　開始時，這些手法可以脫離盤手或黐手進行單人練
習，但是一旦學員熟悉了盤手就應該把它們整合進來。手

法的變化可以讓手臂從內門移至外門，反之亦然。

當雙手進行內外門轉換以及返回中線時，它們還要注意感知中線上的細微變化。在早期學習階段，學員必須學會對那些向外或向下的偏心力做出反應，讓手臂轉回中線。一旦掌握了這種技巧，就要進一步學習故意施加離心力促使對方做出手法上的改變，然後在對方的手返回中線防禦時黏住它。經過一段時間的協作練習之後，很快就能夠以一種流暢、快捷、沒有空檔的方式來進行內外門的轉換了。

在黐手中最先要學會的技巧是如何糾正錯誤。在早期階段，這要比始終保持每個動作100%正確更現實一些，因為後者的前提是攻擊者絲毫不懂功夫。

記住，如果使用蠻力，有經驗的對手就會反過來利用它來攻擊你。通常，沒有經驗的對手很快會變得手足無措，發出過度的攻擊動作，從而讓拳手能夠改變來力的方向並從另一個角度發起反擊。

在這個階段引入「甩手直衝」的思想也很有價值。學習這種重要技巧的最簡單的一種方式就是在黐手訓練中讓訓練夥伴隨機地撤掉一隻手。你的手只要脫離了接觸狀態，就應該迅速移至中線，不應該有絲毫的猶豫。在這裏，很重要的一點就是，手臂向前的運動務必要保持放鬆、輕快，不要用力過大。在進行截擊或格擋時很容易做到這一點，但是在中線衝拳時卻不一定能確保。

黐手中的防禦方法就是搶佔優勢位置和控制中線，一定要圍繞著對手的攻擊移動（參見轉馬），在實施控制時

不要使用過多的力量。如果使用蠻力，有經驗的對手就會感知到你的格擋，利用這些能量從另一個角度發起攻擊。

　　一種很有用的做法就是，把黐手的過程放慢，逐幀地審視雙方的動作，一人攻擊，另一人防守。如果攻擊成功，或者難以防守，那麼重複剛才的過程，嘗試不同的方法，直到找到合適的動作。一旦發現最佳的選擇，就可以加快動作，進行練習，直到成為一種本能。

　　這種方法對於瞭解如何以各種不同的方式運用簡單的步法和手法很有效。如果始終以全速練習，那麼你可能永遠也無法瞭解所有可用的選擇，而且通常要利用力量和速度來糾正原本可以避免的簡單錯誤。技巧可以由耐心的批判性分析得以提高。

　　詠春拳的目的是要達到盡可能的有效，以最小的力獲得最大的效果。老子曾說過：「無為而無不為。」為此，手臂運動時必須保持放鬆，這樣就能夠以一種快速而流暢的方式改變手法。張力只是瞬間存在的，通常是在擊中目標或到達某個特定位置的時候。擊中目標之後，手臂就要立刻恢復放鬆狀態，以便繼續其他的動作。

　　攻擊動作必須以一種可控制的、放鬆的方式向前送出，一旦攻擊偏離中線，或者中途受阻，就必須捨棄或轉換動作。如果攻擊沒有達成，那麼就表示應該轉換動作了，在黐手練習中這種角度的轉換往往會以每秒幾次的頻率出現。

　　在訓練中保持放鬆的其他好處還包括，使用正確肌肉（參見「勁的運用」）的可能性更大，而出現疲勞的可能

性更小，從而讓你能夠訓練更長的時間。另外也能降低受傷的可能性。我個人可不希望自己整日帶著烏青的眼圈、腫大的嘴唇和淤傷的胳膊，這樣既不健康也沒有必要，當然也是不明智的。

即使你的對手力量很大，很強硬，你也不需要擔心，實際上這甚至可能成為你的優勢，因為你可以利用他的缺乏靈活性而輕鬆地擊敗他。用力過大或嚴重的偏手性（註：即習慣於偏用某一隻手，而不是雙手同時發展）容易導致攻擊過度，很容易對付，因為這樣會暴露出他們的意圖，從而反擊方式的選擇也就很明顯了。另外，如果對方的手臂很僵，那麼你就能由此而控制他的整個身體，當你推或拉對方的手臂時，他的身體就會按你預料的（可利用的）方式運動。在黐手中，任何的習慣、癖好以及可預料的行為都可以看作可利用的弱點。

在黐手練習中，思想必須比平時更為集中和清晰，就類似冥想一樣。集中精力可以讓我們思想清晰，防止我們考慮其他的事情。當完全沒有時間去考慮其他事情的時候，訓練往往可以達到一種心無旁鶩、條件反射的境界。這個時候我們必須停止有意識的思想，信任和依賴我們身體的自動系統。高手始終都瞭解放鬆和集中精力的重要性，一種被稱為「身心合一」的狀態。

人的大腦分為兩個半球。一側負責制定系統性的計畫，它會把戰術分解成幾個簡單的片段。另一側則以一種直覺的、立體的方式看待事物。當你的身體和思想和諧統一時，你就可以達到巔峰狀態。放鬆的身體和集中的思想

在這兩個系統的有效協作上起著非常重要的作用。

由於黐手練習完全是為了培養一種靈敏性，所以即使其中一個練習者蒙上眼睛也可以非常容易地練習（不建議雙方都蒙眼練習），這樣可以提高手臂的靈敏性，因為在蒙眼的情況下這是他唯一能依賴的。當蒙著眼睛或閉著眼睛練習時，務必要記住，眼睛被蒙住的人能夠感知到你的中線在哪里，但是卻意識不到你離他有多近。所以你的頭要離遠一點！

黐手另一個很有趣的地方就是，僅憑觀看不可能判斷出一個拳手的技術水準。你判斷別人水準的唯一方法就是跟他一起練習。出於同樣的原因，即便是同一個師父教出來的徒弟，他們感知到的也可能是完全不同的。其原因在於體型、個性和對技術的理解的不同。因此，最好能夠與盡可能多的不同的搭檔練習，以便瞭解如何處理各種不同的情況。不過，在與別的流派的拳手練習時，最好定下一些規則（比如，不許擊打頭部）。要確保雙方是在切磋技術、交流想法，沒必要非得爭個對錯，因為這往往會讓一堂有價值的訓練課淪為一場鬥毆。

五、黐　腳

要想把雙腿練得像雙手一樣靈活，黐腳練習是一個必需的過程。

你要對力做出反應，在對各種腿法做出防守之後要立刻返回一個穩定的位置。黐腳還能訓練練習者檢測到什麼時候適合發起類似的腿法攻擊。

黐腳與黐手通常是分開練習的。雖然兩者也可以同時練習，但是適合黐腳的是比較近的纏鬥距離，更適合於正常姿勢被破壞的情況。如果你想不出拳，只靠黐腳控制對手，或者把對手放倒，那麼訓練起來尤其困難（圖3-466）。

圖3-466

第六節　木人樁

木人樁是詠春拳中一套器械練習方式。相傳是紅船上的詠春拳祖先前輩因無對手練習及紅船上地方狹窄而設計出來的自我練習方法，是詠春拳獨特的器械訓練。詠春木人樁法套路整齊，經常練習木人樁法，不但可以鍛鍊橋手的硬度、手法的靈活、發勁穿透力，同時還能鍛鍊身形步法迂迴變換、進退的方位角度。將木人樁當作假想敵，把已經學到的詠春拳法在木人樁上發揮出來，所謂「無師無對手，對鏡與樁求」。

木人樁是詠春拳徒手搏鬥訓練系統中最後一套訓練方式，集小念頭、尋橋、標指的手法於一身。故一直以來有人以為木人樁法為詠春拳的精髓所在，誤以為詠春將最厲害的手法都放於木人樁法中，是詠春拳的一種秘技，其實

絕對不是。樁法內所有招式均是從小念頭、尋橋及標指的動作中結合而成。樁法的目的在於活用三套拳術的理論及招式，同時運用攻擊的角度等去發揮個人的功底至極限。這種練習並不可以應用於一個真人身上，例如，練習強大的凝聚力。樁法的練習有時間去容許更正自我的弱點，這些在受到對手的壓力時不會輕易做得到。另一方面，亦可以用木樁作為假想敵去創立攻防招式。

木人樁可以修正手法技術、身位或補救過失的手法的訓練方式，或黐手中不經常會遇到及出錯的手法等，此時都可以集中於樁法上以作補充。因樁是死物，固定而不會有大幅度的移動，而人是活的，故練習時必須遷就樁手的位置而令自己的手法固定，不會偏差、走樣。

練習木人樁法，其意在沒有師傅和師兄弟在身邊時，仍可繼續習練而不至於荒廢所學。木人樁法是詠春前輩們的心血結晶，大家都知道詠春拳是十分注重實戰的，而前人總結了實戰搏擊經驗，將小念頭、尋橋、標指三套拳中的攻防手法、身法、步法和腳法再加入了散手重新編排而成這一套木人樁法。

木人樁的樁身、樁手和樁腳都是安裝在固定的位置上，而且手、腳的尺寸和距離亦是經計算過而刻意安排，所以透過不斷的埋樁鍛鍊，便可糾正我們不自覺的錯誤姿勢，掌握好身體在不同角度的走動，肘部與身體都能保持在正確位置。而在練習樁法的過程中，能體會到實際搏擊中所用到的腰、馬、橋（提高橋手硬度、反應能力）及寸勁，運用身形和手法去接近、進迫和擊倒敵人。

　　木人樁套路是詠春拳固有的組成部分。木人樁，顧名思義就是人形的木樁。其他拳法流派也會使用木樁進行練習，不過詠春木人樁及其套路是專門為練習和提高詠春拳技術而設計的。該套路在歷史傳承中歷經了多次變革，最初包含140個動作。葉問宗師因感覺招式動作過多而將其減少為108式。不過，後來他感覺其中缺少了一些重要的動作，於是又把招式增加至116式，之後便廣為接受並流傳至今。

　　木人樁訓練可以提高各方面的技巧，尤其是保持正確的身架圍繞對手自由移動並到達有利位置的能力。木人樁訓練的另一個作用就是，預先確定的手臂角度可以幫助我們完善自己的技術，調整攻擊的角度。

　　當然了，踢打木人樁時用的力量可以遠大於跟同伴練習時所用的力度。不過必須要指出的是，木人樁練習的目的不是提高雙手和手臂的硬度。

　　練習者不應該猛力擊打樁手，而應該緊貼樁手運動，從一個動作滑到下一個動作。最後一點，木人樁套路中包含很多前面幾個套路中沒有出現過的腿法、跌法、封纏、摔法以及組合動作。

　　在開始時，需要反覆進行轉馬耕攔手技術的練習。打出耕手的手臂要用力，而另一隻手的拍手動作則只是保持不動，在身體的帶動下拍擊樁手。重心置於一側腿上，同時同側髖部應上頂，對樁手實施向上的力。當你轉動身體時，耕手放鬆，轉至樁手上方並與之保持接觸（實際上已經變為拍手），同時拍手移至樁手下方變成耕手。當重心

轉到另一隻腳時開始用力。此時另一側的耕手可以保持用力。當該技術練習純熟之後，可以增加一個動作——其中一隻手脫離樁手，另一隻手變為攝手猛拉樁手。木人樁套路中節與節之間都是採用這種方式連接起來的。

第一節，側重步法的練習，練習者必須努力練習，以達到正確的角度，同時手部擺放的位置要保持舒適。膀手和攤手動作中手腕應流暢而柔和地與樁手末端相接。運動時要始終牢記中線的位置。開始時不要過多地關注於擊打木樁，而應該把重點放在位置和角度上。

第二節，重複第一節，方向相反。

第三節，介紹拍手動作。先是內門拍手，注意不要過多地使用手臂力量，動作完成之後應迅速彈回中線位置。然後是外門拍手，配合轉馬使用。外門拍手向前彈出，形成一個砍擊動作，然後收回成為窒手，同時另一隻手打出低位衝拳。接下來，先打出低膀手，再變為問手從側面攻擊，然後以側踢實施反擊。當遭遇側面追擊，或者膀手被壓制或黏纏時，這種腿法也非常有效。一定要確保力量沿著直線發出，腳不要在樁身上滑動。

第四節，要學會雙手圍繞對方的防衛手圈轉，利用對方的力量撥開其防線，以雙手實施攻擊。注意木樁的反彈，要盡可能地利用其節奏。要記住，在實際應用中，雙手動作也可以用單手打出。

然後，打出膀手，並迅速轉為攤手加低橫掌，同時沿90°向下踩踏樁腳。

第五節，側重抱排掌的練習。務必要注意對方防衛手

的位置。你的攻擊應該從對方的內門或外門楔入，將對方封住或擠出。有時為了實施攻擊，要先讓自己的雙手解放出來。

第六節，側重學習從膀手到攤手的轉換。在做該動作的時候，雙腳不要移動，而是原地轉動。伴隨著攤手動作，另一隻手打出殺頸手，然後攤手變為橫掌從內門繼續實施攻擊。本節還會介紹十字步直撐腿，這種腿法是從一種非常刁鑽的角度發出的，目標通常是對方的支撐腿。十字步可以用於轉換方向。

第七節，包含腿法和摔法。第一種腿法是鏟踢，踢擊目標為髖部、襠部或小腹部，然後轉為踩膝腿，重心重新落回地面。要注意，在發起腿法之前步法可能需要做出細微的調整。

摔法在攤手之後使用，以圈步滑入對方前腿之後。腳跟提起，接觸點在小腿肌肉。腳跟落地的同時打出拍手橫掌，纏住對方的前腿，迫使其向後倒下。這個動作與耕腿中的技術類似。若要順利完成該動作，必須對中線、拳架、時機和角度多加注意。另外，當你的腳步移向外門時也必須注意。

第八節，在本節中，將以一記遠距離低踢和高位格擋結束整個木人樁套路。緊接著打出一記膀手，然後轉為雙攤手，在手法轉換的同時，以腳向前掃踢或踩踏對方的足踝。該動作可以讓腿的前壓與手的後拉形成一組方向相反的力量，迫使對方向前跌出。

木人樁詳細動作如下。

圖3-467

圖3-468

第一節

1. 問路式

以二字鉗羊馬站立於木人樁前，左手前伸成攤手姿勢，右手成護手姿勢立於左肘關節右側，雙手高與胸平，置於身體中心線位置上；雙目平視樁身（圖3-467）。

2. 左攤手

上動不停，仍以二字鉗羊馬站立，左攤手略前伸格擊右樁手內側，右手保持護手姿勢不變護於胸前；目視樁身（圖3-468）。

圖3-469

圖3-470

3. 右攀頸手

上動不停，右手貼住木人椿，由木人椿的上方的前側繞至右側，變為勾手攀住木人椿的後側短促用力回鉤。同時，身體左轉成左側身鉗羊馬，左手變為攔手輕握住右椿手稍用力回拉；目視椿身（圖3-469）。

4. 右膀手

上動不停，身體仍保持左側身鉗羊馬姿勢不變；右手變膀手，輕快地格擊木人椿的右椿手內側，左手成護手姿勢立於右手肘關節內側；目視椿身（圖3-470）。

5. 右圈馬／左橫掌／右攤手

上動不停，右腳移步從左腳內側經過落於椿腳右下

圖3-471　　　　　　　　圖3-472

方，右膝貼在椿腳右側位置上，身體成右側身鉗羊馬姿勢；同時，右手貼住右椿手，由內側位置繞到外側後變為攤手，左手變為橫掌擊打木人椿的中部右側位置；手腳同步動作，協調一致；目視椿身（圖3-471）。

6. 上下耕手

上動不停，將右腳撤回於原來站立的位置，身體右轉成右側身鉗羊馬。左手變為上耕手輕擊右椿手外側，右手成下耕手向下格擊低椿手右側；目視椿身（圖3-472）。

7. 右攤／左低膀手

上動不停，身體繼續保持右側身鉗羊馬姿勢，右手變為攤手格擊左椿手內側，左手變為低膀手格擊低椿手右側；目視椿身（圖3-473）。

圖3-473   圖3-474

8. 左圈馬／右橫掌／左攤手

上動不停，左腳移步從右腳內側經過落於樁腳左下方，左膝貼在樁腳左側位置上，身體成左側身鉗羊馬姿勢。同時，左手變為攤手格擊左樁手外側，右手變為橫掌擊打木人樁的中部左側位置；目視樁身（圖3-474）。

9. 耕攔手

上動不停，將左腳撤回於原來站立的位置，身體左轉成左側身鉗羊馬。右手變為拍手輕擊左樁手外側，左手成下耕手向下格擊低樁手左側；目視樁身（圖3-475）。

10. 右伏手／左枕手

上動不停，身體右轉恢復到正身二字鉗羊馬的姿勢。

圖3-475

圖3-476

右手腕內屈變成伏手置於左
樁手上，左手變為枕手格擊
右樁手外側；目視樁身（圖
3-476）。

11. 左窒手／右印掌

上動不停，仍以二字鉗
羊馬站立，左手前臂略內
旋，變為窒手稍加用力下壓
右樁手，右手變成印掌姿勢
沿中線擊打樁身正上方位
置；目視樁身（圖3-477）。

圖3-477

圖3-478

圖3-479

12. 雙窒手

上動不停，仍以二字鉗羊馬站立，雙手變為窒手，同時向下以寸勁下壓左右樁手；目視樁身（圖3-478）。

13. 雙托手

上動不停，仍以二字鉗羊馬站立，雙手貼住樁手由上方位置繞至樁手下方，同時以托手姿勢上托左右樁手；目視樁身（圖3-479）。

第二節

14. 右攤手

上動不停，仍以二字鉗羊馬站立，右攤手略前伸格擊

圖3-480 圖3-481

左樁手內側，左手保持護手姿勢不變護於胸前；目視樁身
（圖3-480）。

15. 左攀頸手

上動不停，左手貼住木人樁，由木人樁上方的前側繞
至後側，變為勾手攀住木人樁的後側短促用力回鉤；同時
身體右轉成右側身鉗羊馬，右手變為攛手輕握住左樁手稍
用力回拉；目視樁身（圖3-481）。

16. 左膀手

上動不停，身體仍保持右側身鉗羊馬姿勢不變。左手
變膀手，輕快地格擋木人樁的左樁手內側，右手成護手姿
勢立於胸前；目視樁身（圖3-482）。

圖3-482

圖3-483

17. 左圈馬／右橫掌／左攤手

上動不停，左腳移步從右腳內側經過落於樁腳左下方，左膝貼在樁腳左側位置，身體成左側身鉗羊馬姿勢；同時，左手貼住左樁手，由內側位置繞道外側後變為攤手，右手變為橫掌擊打木人樁的中部左側位置；手腳同步動作，協調一致；目視樁身（圖3-483）。

18. 耕攔手

上動不停，將左腳撤回於原來站立的位置，身體左轉成左側身鉗羊馬。右手變為拍手輕擊左樁手外側，左手成下耕手向下格擊低樁手左側；目視樁身（圖3-484）。

19. 左攤／右低膀手

上動不停，身體繼續保持左側身鉗羊馬姿勢，左手變

圖3-484

圖3-485

為攤手格擊右樁手內側，右手變為膀手格擊低樁手左側；目視樁身（圖3-485）。

20. 右圈馬／左橫掌／右攤手

上動不停，右腳移步從左腳內側經過落於樁腳右下方，右膝貼在樁腳右側位置，身體成右側身鉗羊馬姿勢；同時，右手變為攤手格擊右樁手外側，左手變為橫掌擊打木人樁的右側中部位置；目視樁身（圖3-486）。

圖3-486

圖3-487　　　　　　圖3-488

21. 耕攔手

上動不停，將右腳撤回於原來站立的位置，身體右轉成右側身鉗羊馬。左手變為拍手輕擊右樁手外側，右手成下耕手向下格擊低樁手右側；目視樁身（圖3-487）。

22. 左伏手／右枕手

上動不停，身體左轉恢復到正身二字鉗羊馬的姿勢。左手腕內屈變成伏手置於右樁手上，右手變為枕手格擊左樁手外側；目視樁身（圖3-488）。

23. 右窒手／左橫掌

上動不停，仍以二字鉗羊馬站立，右手前臂略內旋，變為窒手稍加用力下壓左樁手，左手變成橫掌姿勢沿中線

圖3-489

圖3-490

擊打樁身正中位置；目視樁身（圖3-489）。

24. 雙窒手

上動不停，仍以二字鉗羊馬站立，雙手變為窒手，同時向下以寸勁下壓左右樁手；目視樁身（圖3-490）。

25. 雙托手

上動不停，仍以二字鉗

圖3-491

羊馬站立，雙手貼住樁手由上方位置繞至樁手下方，同時以托手姿勢上托左右樁手；目視樁身（圖3-491）。

圖3-492　　　　　　圖3-493

第三節

26. 右內門拍手

上動不停，仍以二字鉗羊馬站立，以腰胯之力催動右手掌根拍擊右樁手內側，左掌收回變為護手立於胸前；目視樁身（圖3-492）。

27. 左內門拍手

上動不停，仍以二字鉗羊馬站立，以腰胯之力催動左手掌根拍擊左樁手內側，右掌收回變為護手立於胸前；目視樁身（圖3-493）。

 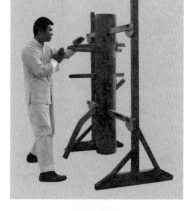

圖3-494　　　　　　　　圖3-495

28. 右內門拍手

上動不停，仍以二字鉗羊馬站立，以腰胯之力催動右手掌根拍擊右樁手內側，左掌收回變為護手立於胸前；目視樁身（圖3-494）。

29. 左外門拍手

上動不停，仍以二字鉗羊馬站立，身體微向右轉馬，以腰胯之力催動左手掌根拍擊右樁手外側，右掌收回變為護手立於胸前；目視樁身（圖3-495）。

30. 左殺頸手

上動不停，仍以二字鉗羊馬站立，身體微向右轉馬，將左手變為砍掌沿中線擊打木人樁正上方位置，右掌仍以

圖3-496　　　　　　圖3-497

護手立於胸前；目視樁身（圖3-496）。

31. 左窒手／右低衝拳

上動不停，身體左轉成正身二字鉗羊馬站立，左手變為窒手略施力下壓右樁手，同時，右手成日字衝拳直線擊打木人樁中部位置；目視樁身（圖3-497）。

32. 右外門拍手

上動不停，仍以二字鉗羊馬站立，身體微向左轉馬，右手變拳為掌，以腰胯之力催動右手掌根拍擊左樁手外側，左掌收回變為護手立於胸前；目視樁身（圖3-498）。

33. 右殺頸手

上動不停，仍以二字鉗羊馬站立，身體微向左轉馬，

圖3-498

圖3-499

將右手變為砍掌沿中線擊打木人樁正上方位置，左掌仍以護手立於胸前；目視樁身（圖3-499）。

34. 右窒手／左低衝拳

上動不停，身體右轉成正身二字鉗羊馬站立，右手變為窒手略施力下壓左樁手，同時，左手成日字衝拳擊打木人樁中部位置；目視樁身（圖3-500）。

35. 雙托手

上動不停，仍以二字鉗羊馬站立，雙手成掌以肘底

圖3-500

圖3-501   圖3-502

力從下向上輕托左右樁手；目視樁身（圖3-501）。

36.右低膀手

上動不停，身體左轉成左側身鉗羊馬，右手以低位膀手格擊低樁手左側，左手成護手姿勢立於胸前；目視樁身（圖3-502）。

37.左拍手／右問手

上動不停，右腳移步從左腳內側經過落於樁腳右下方，右膝貼在樁腳右側位置，身體成右側身鉗羊馬姿勢；同時，左手拍擊右樁手外側，右手則外翻以掌根砍擊木人樁上部右側位置；目視樁身（圖3-503）。

圖3-503

圖3-504

38. 右側撐腿

上動不停，身體重心落於左腳，右腳提起以側撐腿踢擊木人樁中部右側位置；同時，右手成膀手姿勢，左手成護手立於右手肘關節內側；目視樁身（圖3-504）。

39. 左低膀手

上動不停，右腳落回原

圖3-505

位置，身體右轉成右側身鉗羊馬，左手以低位膀手格擊低樁手右側，右手成護手姿勢立於胸前；目視樁身（圖3-505）。

圖3-506 圖3-507

40. 右拍手／左問手

上動不停，左腳移步從右腳內側經過落於椿腳左下方，左膝貼在椿腳右側位置，身體成左側身鉗羊馬姿勢；同時，右手拍擊左椿手外側，左手外翻以掌根砍擊木人椿上部左側位置；目視椿身（圖3-506）。

41. 左側撐腿

上動不停，身體重心落於右腳，左腳提起以側撐腿踹擊木人椿中部左側位置；同時，左手成膀手姿勢，右手成護手立於左手肘關節內側胸前；目視椿身（圖3-507）。

42. 耕攔手

上動不停，左腳落回原位置，身體左轉成左側身鉗羊

圖3-508

圖3-509

馬，左手以下耕手格擊木人椿低椿手左側，右手以拍手格擊左椿手外側；目視椿身（圖3-508）。

43. 右伏手／左枕手

上動不停，身體右轉恢復到正身二字鉗羊馬的姿勢，右手腕內屈變成伏手置於左椿手上，左手變為枕手格擊右椿手外側；目視椿身（圖3-509）。

44. 左窒手／右印掌

上動不停，仍以二字鉗羊馬站立，左手從右椿手下方繞至上方，變為窒手略施力下壓右椿手，同時，右手成印掌擊打木人椿上部正中位置；目視椿身（圖3-510）。

圖3-510

圖3-511

第四節

45. 雙攤手

上動不停，仍以二字鉗羊馬站立，雙手變為攤手姿勢，分別置於左右樁手外側；目視樁身（圖3-511）。

46. 圈　手

圖3-512

上動不停，仍以二字鉗羊馬站立，兩手腕內屈，以圈手動作，從中右樁手的外側繞至內側；目視樁身（圖3-512）。

圖3-513   圖3-514

47. 雙橫掌

上動不停，仍以二字鉗羊馬站立，雙手從木人樁左右樁手內側經過，同時以橫掌動作擊打木人樁中部位置；目視樁身（圖3-513）。

48. 雙外攤手

上動不停，仍以二字鉗羊馬站立，兩手同時變成攤手格擊左右樁手內側位置；目視樁身（圖3-514）。

49. 打眼手

上動不停，仍以二字鉗羊馬站立，雙臂貼住左右樁手，雙手同時從左右樁手內側經過，以橫掌動作擊打木人樁上部位置；目視樁身（圖3-515）。

圖3-515　　　　　　　圖3-516

50. 雙窒手

上動不停，仍以二字鉗羊馬站立，雙手同時變成窒手動作下壓木人椿左右椿手；目視椿身（圖3-516）。

51. 左枕手／右伏手

上動不停，仍以二字鉗羊馬站立，在雙手貼住左右椿手的前提下，右手腕內屈變成伏手置於左椿手上，左手變成枕手由外向內格擊木人椿右椿手外側；目視椿身（圖3-517）。

52. 右枕手／左伏手

上動不停，仍以二字鉗羊馬站立，在雙手貼住左右椿手的前提下，左手腕內屈變成伏手置於右椿手上，右手變成枕手由外向內格擊木人椿左椿手外側；目視椿身（圖

圖3-517

圖3-518

3-518）。

53. 左枕手／右伏手

上動不停，仍以二字鉗羊馬站立，在雙手貼住左右椿手的前提下，右手腕內屈變成伏手置於左椿手上，左手變成枕手由外向內格擊木人椿右椿手外側；目視椿身（圖3-519）。

圖3-519

54. 左窒手／右印掌

上動不停，仍以二字鉗羊馬站立，左手前臂略內旋，變為窒手稍加用力下壓右椿手，右手變成印掌姿勢沿中線

圖3-520　　　　　　　　圖3-521

擊打樁身正中位置；目視樁身（圖3-520）。

55. 右膀手

上動不停，身體左轉成左側身鉗羊馬，右手成膀手格擊右樁手內側，左手收回成護手立於胸前；目視樁身（圖3-521）。

56. 右腳踩膝／右攤手／左橫掌

上動不停，身體右轉，身體重心落於左腳，右腳抬起以正踢腿動作踢擊木人樁的樁腳；同時，右手貼住右樁手，從右樁手下方繞過，變成攤手格擊右樁手外側，左手則變成橫掌擊打木人樁中部右側位置；目視樁身（圖3-522）。

圖3-522

圖3-523

57. 耕攔手

上動不停，左腳落回原位置，身體右轉成右側身鉗羊馬，右手以耕手格擊木人樁低樁手右側，左手以拍手格擊右樁手外側；目視樁身（圖3-523）。

58. 右枕手／左伏手

圖3-524

上動不停，身體左轉成正身鉗羊馬站立；同時，左手腕內屈變成伏手置於右樁手上，右手則上移至左樁手外側，變成枕手由外向內格擊木人樁左樁手外側；目視樁身（圖3-524）。

圖3-525　　　　　　　圖3-526

59. 左枕手／右伏手

上動不停，身體仍以正身二字鉗羊馬站立，在雙手貼住左右樁手的前提下，右手腕內屈變成伏手置於左樁手上，左手變成枕手由外向內格擊木人樁右樁手外側；目視樁身（圖3-525）。

60. 右枕手／左伏手

上動不停，身體仍以正身二字鉗羊馬站立，在雙手貼住左右樁手的前提下，左手腕內屈變成伏手置於右樁手上，右手變成枕手由外向內格擊木人樁左樁手外側；目視樁身（圖3-526）。

圖3-527

圖3-528

61. 右窒手／左橫掌

上動不停，身體仍以正身二字鉗羊馬站立，右手前臂略外旋，變為窒手稍加用力下壓左椿手，左手變成橫掌姿勢沿中線擊打椿身正中位置。目視椿身（圖3-527）。

62. 左膀手

上動不停，身體右轉成右側身鉗羊馬，左手成膀手格擊左椿手內側，右手成護手立於胸前；目視椿身（圖3-528）。

63. 左腳踩膝／左攤手／右橫掌

上動不停，身體左轉，身體重心落於右腳，左腳抬起以正踢腿動作踢擊木人椿的椿腳；同時，左手貼住左椿

圖3-529　　　　　　　　圖3-530

手，從左椿手下方繞過，變成攤手格擊左椿手外側，右手
變成橫掌擊打木人椿中部左側位置；目視椿身（圖3-
529）。

64. 耕攔手

上動不停，左腳落回原位置，身體左轉成左側身鉗羊
馬，左手以耕手格擊木人椿低椿手左側，右手以上拍手格
擊左椿手外側；目視椿身（圖3-530）。

65. 右伏手／左托手

上動不停，身體右轉成正身二字鉗羊馬站立，右手腕
內屈變成伏手置於左椿手上，左手上移至右椿手下方，變
成上托手由下向上輕托右椿手；目視椿身（圖3-531）。

圖3-531

圖3-532

66. 左窒手／右印掌

　　上動不停，身體以二字鉗羊馬站立，左手前臂略內旋，變為窒手稍加用力下壓右椿手，右手變成印掌姿勢沿中線擊打椿身正上方位置；目視椿身（圖3-532）。

67. 雙托手

　　上動不停，仍以二字鉗

圖3-533

羊馬站立，雙手貼住椿手由上方位置繞至椿手下方，同時以托手姿勢上托左右椿手；目視椿身（圖3-533）。

圖3-534　　　　　　　　圖3-535

第五節

68. 右內枕手

上動不停，仍以二字鉗羊馬站立，右手在肘底力的推動下以前臂向內格擊木人樁右樁手，左掌成護手立於胸前；目視樁身（圖3-534）。

69. 右外枕手

上動不停，仍以二字鉗羊馬站立，右手伸展成掌，在肘底力的推動下以前臂格擊左樁手內側，左掌成護手立於胸前；目視樁身（圖3-535）。

圖3-536 圖3-537

70. 右內枕手

上動不停，仍以二字鉗羊馬站立，右手再次在肘底力的推動下以前臂格擊右樁手內側，左掌仍成護手立於胸前；目視樁身（圖3-536）。

71. 左橫掌／右伏手

上動不停，身體右轉以右側身二字鉗羊馬站立；同時，右手腕內屈變成伏手置於右樁手上，左手變成橫掌擊打木人樁中部右側位置；目視樁身（圖3-537）。

72. 右攤手／左低膀手

上動不停，身體繼續保持右側身鉗羊馬姿勢，右手腕展開變為攤手格擊左樁手內側，左手變為低膀手格擊低樁

圖3-538　　　　　　　　圖3-539

手右側；目視樁身（圖3-538）。

73. 正身抱排掌

上動不停，身體左轉成正身二字鉗羊馬站立，右手成印掌，左手成底掌，右手在上，左手在下，重疊在一起，同時擊打木人樁上部正中位置；目視樁身（圖3-539）。

74. 左膀手

上動不停，身體右轉成右側身二字鉗羊馬站立，左手成膀手格擊左樁手內側，右手成護手立於胸前；目視樁身（圖3-540）。

75. 左側抱排掌

上動不停，左腳移步從右腳內側經過落於樁腳左下

圖3-540

圖3-541

方，左膝貼在樁腳左側位置，身體成左側身鉗羊馬姿勢；同時，左手從左樁手下繞過變成印掌，右手成底掌，左手在上，右手在下，重疊在一起，擊打木人樁左側中部位置；目視樁身（圖3-541）。

76. 耕攔手

圖3-542

上動不停，將左腳撤回於原來站立的位置，身體左轉成左側身鉗羊馬。右手變為拍手格擊左樁手外側，左手成下耕手向下格擊低樁手左側；目視樁身（圖3-542）。

圖3-543   圖3-544

77. 正身抱排掌

上動不停，身體右轉成正身二字鉗羊馬站立；同時，右手做一內圈手從左樁手上繞過成印掌，左手成底掌，右手在上，左手在下，重疊在一起，同時擊打木人樁上部正中位置；目視樁身（圖3-543）。

78. 右膀手

上動不停，身體左轉成左側身二字鉗羊馬站立，右手成膀手格擊右樁手內側，左手成護手立於胸前；目視樁身（圖3-544）。

79. 右側抱排掌

上動不停，右腳移步從左腳內側經過落於樁腳右下

圖3-545　　　　　　　　圖3-546

方，右膝貼在樁腳右側位置，身體成右側身鉗羊馬姿勢；
同時，左手成印掌，右手成底掌，左手在上，右手在下，
重疊在一起，擊打木人樁中部左側位置；目視樁身（圖
3-545）。

80. 耕攔手

上動不停，將右腳撤回於原來站立的位置，身體右轉
成右側身鉗羊馬。左手變為拍手格擊右樁手外側，右手成
下耕手向下格擊低樁手右側；目視樁身（圖3-546）。

81. 右枕手／左伏手

上動不停，身體左轉恢復到正身二字鉗羊馬的姿勢。
左手腕內屈變成伏手置於右樁手上，右手變為枕手格擊左
樁手外側；目視樁身（圖3-547）。

圖3-547

圖3-548

82. 右窒手／左橫掌

上動不停，仍以二字鉗羊馬站立，右手前臂略內旋，變為窒手稍加用力下壓左樁手，左手變成橫掌姿勢沿中線擊打樁身中部右側位置；目視樁身（圖3-548）。

83. 雙托手

圖3-549

上動不停，仍以二字鉗羊馬站立，雙手貼住樁手由上方位置繞至樁手下方，同時以托手姿勢上托左右樁手；目視樁身（圖3-549）。

圖3-550

圖3-551

第六節

84. 耕攔手

上動不停，身體左轉成左側身鉗羊馬；右手變為拍手輕擊左樁手外側，左手成下耕手向下格擊低樁手左側；目視樁身（圖3-550）。

85. 耕攔手

上動不停，再將身體右轉成右側身鉗羊馬；右手以下耕手格擊木人樁低樁手右側，左手以拍手格擊右樁手外側；目視樁身（圖3-551）。

圖3-552　　　　　　　圖3-553

86. 右膀手

上動不停，身體左轉成左側身鉗羊馬；右手從下向上繞起變成膀手格擊右椿手內側，左手成護手立於胸前；目視椿身（圖3-552）。

87. 右攔手／左砍掌

上動不停，身體右轉成右側身鉗羊馬；右手變為攔手握住右椿手向身體回拉；同時，左手掌心向下，手指向右，以掌外沿擊打木人椿上部正中位置；目視椿身（圖3-553）。

88. 左枕手／右砍掌

上動不停，身體左轉成正身二字鉗羊馬站立；左手前臂略內旋，變為枕手由外向內格擊右椿手，右手變成砍掌姿勢沿中線擊打椿身正上方位置；目視椿身（圖3-554）。

圖3-554

圖3-555

89. 左膀手

上動不停，身體右轉成右側身鉗羊馬姿勢；左手變膀手，輕快地格擋木人樁的左樁手內側，右手成護手姿勢立於胸前；目視樁身（圖3-555）。

90. 左攞手／右砍掌

圖3-556

上動不停，身體左轉成左側身鉗羊馬；左手變為攞手握住左樁手，同時，右手掌心向下、手指向左，以掌外沿擊打木人樁上部正中位置；目視樁身（圖3-556）。

圖3-557　　　　　　　　圖3-558

91. 右枕手／左砍掌

上動不停，身體右轉成正身二字鉗羊馬站立；右手前臂略內旋，變為枕手由外向內格擊右樁手，左手變成砍掌姿勢沿中線擊打樁身正上方位置；目視樁身（圖3-557）。

92. 右膀手

上動不停，身體左轉成左側身鉗羊馬姿勢；右手變膀手，輕快地格擋木人樁的右樁手內側，左手成護手姿勢立於胸前；目視樁身（圖3-558）。

93. 左正踢腿／右攤手／左橫掌

上動不停，右腳向左腳的方向上前一步，然後身體右轉，身體重心落於右腳，左腳抬起以正踢腿動作踢擊木人

圖3-559　　　　　　圖3-560

椿的椿身中部右側位置；同時，右手貼住右椿手，從右椿
手下方繞過，變成攤手格擊右椿手外側，左手變成橫掌擊
打木人椿中部右側位置；目視椿身（圖3-559）。

94. 左膀手

上動不停，左腳下落後，右腳撤回原位置，身體右轉
成右側身鉗羊馬；左手成膀手格擊左椿手內側，右手成護
手立於胸前；目視椿身（圖3-560）。

95. 右正踢腿／左攤手／右橫掌

上動不停，左腳向右腳的方向上前一步，然後身體左
轉，身體重心落於左腳，右腳抬起以正踢腿動作踢擊木人
椿的椿身中部左側位置；同時，左手貼住左椿手，從左椿
手下方繞過，變成攤手格擊左椿手外側，右手變成橫掌擊

圖3-561　　　　　　　圖3-562

打木人樁中部左側位置；目視樁身（圖3-561）。

96. 耕攔手

上動不停，右腳下落後，左腳撤回原位置，身體左轉成左側身鉗羊馬；左手以耕手格擊木人樁低樁手左側，右手以拍手格擊左樁手外側；目視樁身（圖3-562）。

97. 右勾手／左托手

上動不停，身體右轉成正身二字鉗羊馬站立；右手腕內屈變成伏手置於左樁手上，左手掌心向上由下向上輕托木人樁右樁手；目視樁身（圖3-563）。

98. 左窒手／右印掌

上動不停，身體以二字鉗羊馬站立；左手前臂略內

圖3-563

圖3-564

旋，變為窒手稍加用力下壓右樁手，右手變成印掌姿勢沿中線擊打樁身正上方位置；目視樁身（圖3-564）。

99. 雙托手

上動不停，仍以二字鉗羊馬站立，雙手貼住樁手由上方位置繞至樁手下方，同時以托手姿勢上托左右樁手；目視樁身（圖3-565）。

圖3-365

圖3-566　　　　　　　圖3-567

第七節

100. 右低膀手

上動不停，身體左轉成左側身鉗羊馬；右手以低位膀
手格擊低樁手左側，左手成護手姿勢立於胸前；目視樁身
（圖3-566）。

101. 左低膀手

上動不停，身體右轉成右側身鉗羊馬；左手以低位膀
手格擊低樁手右側，右手成護手姿勢立於胸前；目視樁身
（圖3-567）。

圖3-568　　　　　　　　圖3-569

102. 右低膀手

上動不停，身體左轉成左側身鉗羊馬；右手以低位膀手格擊低椿手左側，左手成護手姿勢立於胸前；目視椿身（圖3-568）。

103. 左正踢腿／右攤手

上動不停，身體重心落於右腳，左腳抬起以正踢腿動作踢擊木人椿正面中部位置；同時右手成攤手格擊左椿手內側，左手成護手立於胸前；目視椿身（圖3-569）。

104. 左下踩腿

上動不停，左腳再以腳掌踩踏木人椿的椿腳，左手隨即變為膀手，右手仍成護手立於胸前；目視椿身（圖

圖3-570

圖3-571

3-570）。

105. 左低膀手

上動不停，左腳下落回
原位置，身體右轉成右側身
鉗羊馬；左手成低膀手格擊
低樁手右側，右手成護手立
於胸前；目視樁身（圖3-
571）。

106. 右低膀手

圖3-572

上動不停，身體左轉成左側身鉗羊馬；右手以低位膀
手格擊低樁手左側，左手成護手姿勢立於胸前；目視樁身
（圖3-572）。

圖3-573　　　　　　　圖3-574

107. 左低膀手

上動不停，身體右轉成右側身鉗羊馬；左手以低位膀手格擊低樁手右側，右手成護手姿勢立於胸前；目視樁身（圖3-573）。

108. 右正踢腿／左攤手

上動不停，身體重心落於左腳，右腳抬起以正踢腿動作踢擊木人樁正面中部位置；同時左手成攤手格擊右樁手內側，右手成護手立於胸前；目視樁身（圖3-574）。

109. 右下踩腿

上動不停，右腳再以腳掌踩踏木人樁的樁腳，右手變為膀手，左手則變成護手立於胸前；目視樁身（圖3-575）。

 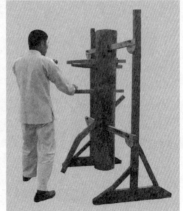

圖3-575　　　　　　　　圖3-576

110. 右襟手

上動不停，右腳下落回原位置，身體左轉成左側身鉗羊馬；右手成襟手以掌根拍按低樁手左側，左手成護手立於胸前；目視樁身（圖3-576）。

111. 左拍手／右橫掌

上動不停，右腳移步從左腳內側經過落於樁腳右下方，右膝貼在樁腳右側位置，身體成右側身鉗羊馬姿勢；左手由外向內拍擊右樁手外側，右手成橫掌沿中線擊打木人樁中部位置；目視樁身（圖3-577）。

112. 左襟手

上動不停，右腳回撤到原位置，身體右轉成右側身鉗

圖3-577

圖3-578

羊馬；左手成襟手以掌根拍按低椿手右側，右手成護手立於胸前；目視椿身（圖3-578）。

113. 右拍手／左橫掌

上動不停，左腳移步從右腳內側經過落於椿腳左下方，左膝貼在椿腳左側位置，身體成左側身鉗羊馬姿勢；右手由外向內拍擊左椿手外側，左手成橫掌沿中線擊打木人椿中部位置；目視椿身（圖3-579）。

圖3-579

圖3-580　　　　　　　　　圖3-581

第八節

114. 右襟手

上動不停，左腳回撤到原位置，身體左轉成左側身鉗羊馬；右手成襟手以掌根拍按低樁手左側，左手成護手立於胸前；目視樁身（圖3-580）。

115. 左拍手／右正踢腿

上動不停，左手拍擊右樁手外側；同時，身體重心落於左腳，右腳抬起，以正踢腿動作踢擊木人樁的樁腳；右手成護手姿勢立於胸前；目視樁身（圖3-581）。

圖3-582

圖3-583

116. 左襟手

上動不停，右腳下落回原位置，身體右轉成右側身鉗羊馬；左手成襟手以掌根拍按低樁手右側，右手成護手立於胸前；目視樁身（圖3-582）。

117. 右拍手／左正踢腿

上動不停，右手變成拍手拍擊左樁手外側；同時，身體重心落於右腳，左腳抬起，以正踢腿動作踢擊木人樁的樁腳；左手成護手姿勢立於胸前；目視樁身（圖3-583）。

118. 右膀手

上動不停，左腳下落回到原位置，身體左轉成左側身鉗羊馬；右手成膀手格擊右樁手內側，左手成護手立於胸

圖3-584　　　　　　　　　　圖3-585

前；目視樁身（圖3-584）。

119. 右轉身攔手踢腿

上動不停，右手貼住右樁手從其下方繞過後與左手一起變成攔手迅速抓握住右樁手；同時，身體右轉，身體重心落於左腿，右腳抬起以正踢腿動作踢擊木人樁的樁腳；目視樁身（圖3-585）。

120. 左膀手

上動不停，右腳下落回到原位置，身體右轉成右側身鉗羊馬；左手成膀手格擊左樁手內側，右手成護手立於胸前；目視樁身（圖3-586）。

圖3-586

圖3-587

121. 左轉身攔手踢腿

上動不停，左手貼住左
樁手從其下方繞過後與右手
一起變成攔手迅速抓握住左
樁手；同時，身體左轉，身
體重心落於右腿，左腳抬起
以正踢腿動作踢擊木人樁的
樁腳；目視樁身（圖3-587）。

122. 耕攔手

圖3-588

上動不停，左腳下落回原位置，身體左轉成左側身鉗
羊馬；左手以下耕手格擊木人樁低樁手左側，右手以拍手
格擊右樁手外側；目視樁身（圖3-588）。

圖3-589

圖3-590

123. 右勾手／左托手

上動不停，身體右轉成正身鉗羊馬站立；右手腕內屈變成伏手置於左樁手上，左手掌心向上由下向上輕托木人樁右樁手；目視樁身（圖3-589）。

124. 左窒手／右印掌

上動不停，身體以二字鉗羊馬站立；左手前臂略內旋，變為窒手稍加用力下壓右樁手，右手變成印掌姿勢沿中線擊打樁身正上方位置；目視樁身（圖3-590）。

125. 雙托手

上動不停，仍以二字鉗羊馬站立；雙手貼住樁手由上方位置繞至樁手下方，同時以托手姿勢上托左右樁手；目

圖3-591

視椿身（圖3-591）

第七節　八斬刀

八斬刀的起源可以追溯到功夫強弱可以決定生死的年代。無論如何，赤手空拳總是難以抵擋全副武裝的對手。

八斬刀可以作為手臂的延伸，很多徒手套路的動作都可以用八斬刀來完成。八斬刀是單面開刃的，以便能夠轉至前臂一側進行近距離攻防。護手上的枝杈不僅可以用於封住對方的兵器，還可以用於旋轉刀身，因此必須做成光滑的圓形，並且能夠讓握刀手的拇指輕鬆地搆到。

在當今社會，練習刀、棍的格鬥技術看上去也許有些落伍，但是這些套路是非常有用的，可以提供各種不同步法和身法的練習。另外，八斬刀的重心和平衡對於身架和

腕力的練習也是非常有效的。

八斬刀的命名並不是指刀本身的名稱，而是這套刀法的統稱。刀的本身可稱為合掌刀，因為它是由兩把一樣大小的刀組合而成的，但是把它分開後交叉平放又看似一隻蝴蝶，所以亦有人稱之為蝴蝶刀。

至於八斬刀的名稱由來，是因為在這套刀法的套路裏總共由8路動作組成，而每一路的動作都包含有不同形式的斬法，因而取名為八斬刀。詠春八斬刀包括膀、攤、枕、耕、滾、斬、割、穿、拍、圈等刀法，每一式刀法都以簡潔、縱橫、快、狠、準著稱。

但凡曾經觀看過詠春拳同門演練八斬刀的朋友，可能會對這套刀法有一種似曾相識的感覺。沒錯，八斬刀就是由三套拳法招式融合演變而成，蘊藏著詠春拳中的拳法、身法、馬法、實戰搏擊等招法。運用此套刀法，一定先要有良好的詠春拳手法作為基礎，需要身體配合雄渾的橋力、腕勁才能發揮效能。

因為整套刀法的動作都是以詠春拳的手法作為根據，例如刀套裏面的耕刀、攤刀、滾刀、問刀等都是由詠春拳手法裏演變出來的，所以，若是沒有鞏固的詠春拳根底，是很難把八斬刀法練好的。

八路刀法攻守處處皆是針對長短兵器實戰應對，步法進退靈活，刀法簡捷縱橫，是實而不華的刀法。在理論及運用上亦與拳法相同，但唯一不同的是利用特別的步法將全身重量輸送到雙刀上。

這套刀法十分注重腕力的發揮。一般來說，在迎戰時

通常是一刀用作進攻，而另一刀即用作防守。如遇到重兵器時，則用雙刀聯防，然後反擊。

八斬刀的八節攻守動作如下：

（1）「夾刀式」，是一招應付對手以纓槍或長矛之類的鎖喉槍法的刀法。

（2）「二字刀」，以貼身搶攻及近身防守為主。

（3）「上下耕刀」，是應付手持雙刀的對手用的。

（4）「滾膀刀」，以對付敵人雙頭棍之類的中型武器直標而來的攻勢。

（5）「問路刀」，是對付敵人由頭劈落之兵器。

（6）「一字刀」，是對付敵人或橫劈，或由下路偷襲的攻勢。

（7）「袖底刀」，是對付敵人使用鋼鞭、流星錘之類的軟兵器。

（8）「十字刀」，是專門用來對付特別長的兵器，如單頭長棍、長矛、大槍之類的直線攻擊。

第八節　六點半棍

六點半棍法是一套招式簡練的棍法，整套棍法很短，內容全無花巧，用力順，發力猛，可單練也可雙人練習。所謂「六點半」就是棍法有7個不同的重點動作，這7個動作分別為槍棍、挑棍、釘棍、抽棍、彈棍、攤棍、攔棍，合為六點半基本棍法，其中最後一個動作給人有一種只是將動作做到一半的感覺，所以稱為六點半棍。

相傳六點半棍法並非詠春拳創立者五枚師太所創，而是當年火燒少林寺，至善禪師逃難，為求逃避官府耳目，便混跡投身於反清地下組織紅船戲班中作「煲頭」。在班中認識弟子梁二娣，當時梁所幹的工作，戲班中稱為「篤水鬼」。至善留意到梁二娣因工作每日都竹竿不離手，更因長期工作而不覺地已練得臂力雄渾。至善見此良材，便將少林六點半棍傳授於梁二娣，二娣盡得至善真傳，學成棍技，所以六點半棍又名「二娣棍」。

詠春拳黃華寶與梁二娣乃戲班中人，兩人互為知己，崇尚武藝，天長日久，兩人更將詠春拳、六點半棍法交換修習，日夕觀摩，互相研習補短取長，混成一家，從而六點半棍亦成詠春拳必修兵器之一。

六點半棍經梁二娣及黃華寶改良後，守門亦隨詠春法度改得略為收窄，而馬法卻始終不離少林基本馬法，都以四平、子午、吊馬等為主，所以凡修習六點半棍都以走棍馬為先，當熟練基本棍法後，便能再習整套六點半棍法套路作整體配合連環修煉，詠春門亦稱此手棍法名為扇面棍，勤於鍛鍊此套棍法，對修煉者長橋發力、增強臂力，極有幫助和功效。

詠春拳門人要有一定的拳法基礎才可修煉六點半棍法。進修過程由練習單個基本棍法，再到整套的詠春六點半棍法，繼而練習準繩度，以槍打蠟燭的火芯，然後再進行練習雙人棍法對搏，對搏時可把詠春拳的手法如枕手、攤手、膀手等瀟灑地運用到棍法對搏上。而修煉六點半棍法除可用於兵器對搏外，最重要的其實它是一種修煉詠春

拳長橋勁力的最佳法門。

但要修煉傳統高深的六點半棍法，除要正統的棍法與心法外，還要用十二尺或十三尺長的昆典木製成的長棍修煉，並非時下一般所用的八尺長雜木棍或白蠟杆，經一定時日苦練後，才能體會其神奇奧妙之處。

六點半棍的各式分析如下：

（1）「槍」是將棍直線標出，以棍尖插擊對方的咽喉、心窩或小腹等部位。

（2）「砸」又名「圈砸」，是當敵人之棍從上壓落時，借著對方下壓之勢，突然由下圈上再砸下，變成反客為主之勢。

（3）「挑」是將棍持於胸前而棍尖略向上指，形成一個與地平線約45°的斜角，然後將棍由左橫畫向右或由右橫畫向左以阻擋敵人直標而來的攻勢。

（4）「撥」是將棍端（以手持著粗的一端）朝上，而棍尖指地，形成一個與地平線約60°的斜角，然後往前或往後撥，撥時棍尖貼地而不著地；如向前撥則稱為「溜水」，向後撥則稱為「撐舟」。

（5）「抽」是一招由下突然往上彈起的突發動作，當敵棍搭在我棍之上而又並不太重壓時，如此式運用得宜，可於一抽之間使敵人拋開手中長棍，或至少可令對方長棍因受此勁而彈起，我即可乘虛槍攻。

（6）「彈」是當敵棍搭在我棍之下時，一招由上突然往下彈落的動作。此招功效亦如上式，是一式驚彈而發的重勁，藉之令對方棄棍失守，因而使我乘虛槍襲對方。

（7）「半遮」是將棍尖略向上指，而整個人以全身勁力連身體及前鋒手一起向前方推出，此式又叫做「半遮攔」，意即指使用此式時有若半遮半攔，故名。

黐棍：可以跟訓練夥伴一起練習黐棍技術，方法是將棍頭與對方的棍頭黏在一起，整個過程中要始終保持穩固的架勢和良好的距離。這種技術與擊劍是完全不同的。當對方的棍法中露出破綻時，沿其棍身滑下，攻擊對方的雙手。透過黐棍可以練習大的步法和身法動作，所以這是非常有用的一種訓練方法。也可以進行以棍對蝴蝶刀的練習。

詠春拳的實戰技術

第一節　基本動作的攻防運用

拳擊中用得最多的是直、擺、勾這三個拳法，散打中用得最多的是直拳和鞭腿，詠春拳在實戰中翻來覆去使用的動作也不多。對於詠春拳練習者來說，一定要明白一個道理，在詠春拳中有幾個動作是實戰中的主力，另外的動作則是配合這幾個主力動作來完美發揮，取得更好的實戰效果，這就是詠春拳的邏輯性。

沒有一個嚴格的標尺來規範詠春拳的技術動作要如何運用，這和練習者的訓練水準有關，同樣的技術動作，水準高的，可以隨機應變而即興發揮；水準一般的練習者就只能中規中矩，不敢絲毫大意，否則就身處險境。基本動作的攻防運用會根據練習者水準的提高而不斷有新的認識，不斷修正和完善以前對基本動作的理解。

剛開始學習基本動作的運用只是告訴練習者一個大概的學習方向，有摸索的門徑，不至於偏離學習方向。隨著學習的深入而累積更多對基本動作運用的心得和體悟，就

會幫助練習者提高和鞏固實戰能力。

要懂得如何學習和認識詠春拳基本動作的運用，這是一個過程，是一個需要長期學習和積累的過程，不是一種理論，知道就行了。要反覆學習，不斷琢磨，不斷動手實踐，練出可以表達這種知識的動手能力。在這個過程中通過實踐來檢驗知識的可行性，可行的原因在哪裡？需要什麼東西作為基礎才能表達出這種知識。

就像是愛迪生發明燈泡，雖然愛迪生先生知道可以將電能轉化為光能，但是什麼材料可以在燈泡中發光、作為燈絲最理想，愛迪生先生是一個接著一個嘗試數不清的材料、做了無數次試驗後才找到理想的材料來做燈絲。如果沒有失敗後仍然始終如一堅持進行燈絲實驗的氣魄，燈泡是造不出來的。

應該說，學習和理解詠春拳基本動作運用的過程，是一個消磨練習者對詠春拳的激情和衝動的過程。不是看你有沒有學習武術的天賦，而是看你有沒有耐性，很多人會因為練習過程中身心的疲憊而放棄，獲得一點小小的成就再也不想堅持下去。在練習過程中將這個天賦是否能始終如一地堅持下去，直到練出超強的實戰能力，用事實印證出你的天賦，才是最重要的。

詠春拳基本動作的攻防運用不是嘴巴說出來的，也不是看出來的，是練出來的，要多練，多悟。詠春拳的基本動作雖說多不多，但的確不少。練習時既要懂得舉一反三，也要懂得分別不同之處，如功用、練習重點、所需功力的不同等等。

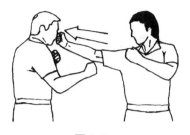
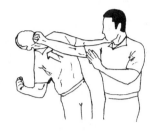

圖4-1　　　　　　　　　　圖4-2

一、日字衝拳

圖4-3

在詠春拳中，運用最多的攻擊動作就是日字衝拳，尤其是連環的日字衝拳，快而密集，緊貼對方使得其喘不過氣來。日字衝拳速度快，距離短，離對方數寸的距離也可出拳，配合詠春拳獨有的寸勁，可以一擊重創對手。

日字衝拳是沿著雙方的中線出拳，打擊路線短，主動攻擊對方，往往使對方防不勝防。在實戰中，一個練習有素者可以在近距離突發日字衝拳打擊對手（圖4-1），充分發揮出日字衝拳快若閃電的特點。

由於日字衝拳速度快的特點，也可以用來截擊對手。當對方使用全身力氣掄拳向我頭部砸來時，我方就可以抓住時機，用一擊日字衝拳迎擊其頭部（圖4-2）。

日字衝拳的使用也相當靈活，可以根據實戰時的具體情形，配合其他的技術使用，如左手防守對方的進攻，右手以日字衝拳攻擊對方（圖4-3）；也可以右手封住對方

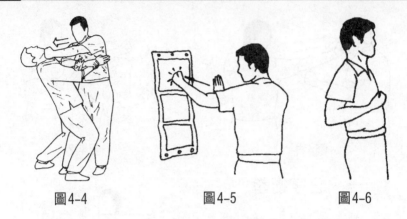

圖4-4　　　　　　　圖4-5　　　　　　　圖4-6

　的雙手，左手以日字衝拳攻擊對手（圖4-4）。

　　日字衝拳在使用中雖然靈活異常，快速多變，但這需要基本功的積累，平時如無刻苦修煉，是不可能在實戰中發揮出應有的效果的。為了增加拳法的力度和拳面的硬度，平時要每天幾百次地打擊牆袋（圖4-5）。進行打擊牆袋的練習時要把握好動作的標準性，身體要自然放鬆，尤其是手臂一定要放鬆。在動作做到放鬆自然之後，再慢慢追求動作的速度，最後才能追求打擊的力度。

　　有了上述打擊牆袋的功底後，接下來就要練習一門詠春拳的必修課：連環的日字衝拳練習。動作由二字鉗羊馬開始，雙手放鬆輕握拳，先以肘底勁催動右手打出日字衝拳，拳臂打直為限，當右拳打盡的同時，左拳沿中線用肘底勁快速打出（圖4-6～圖4-12）。

　　打連環拳時，雙拳要放鬆，開始不要追求速度，等動作熟練後再追求雙拳的速度和雙手連綿不斷的感覺。我們常說的肘底勁，不是讓你的肌肉用力，這是指一種身體的

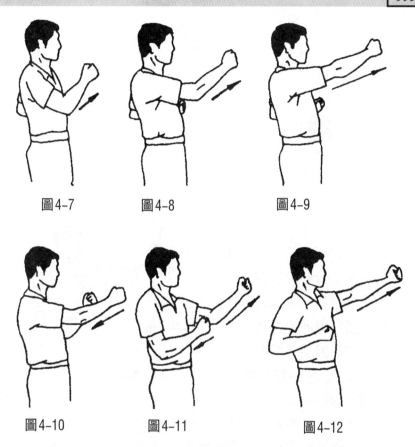

圖4-7　　　　圖4-8　　　　圖4-9

圖4-10　　　　圖4-11　　　　圖4-12

運動能力，待到動作完全可以做到放鬆自然，自然就能發揮出肘底勁，所謂功到自然成。

二、攤　手

　　一個詠春拳練習者要想發揮攤手的最大實戰效果，必須要有紮實的黐手功底。攤手用於防守對方的攻擊時，不是簡單地做出一個動作接觸到對方的攻擊肢體就行了，而

圖4-13

圖4-14

是要在接觸後，根據對方攻擊肢體用力的方向將其力量化為無形。當對方用直拳攻擊我方時，我方攤手在觸及對方橋手時，不論我方的攤手在對方手臂的內側（圖4-13）還是外側（圖4-14），都可

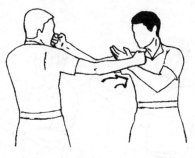

圖4-15

以迅速側將其手臂向外攤開，以橫挫直。

　　用攤手配合日字衝拳攻擊對手是比較常用的技術，詠春拳將這一技術稱為「攤打」。當對方用日字衝拳向我攻擊時，我方就直接從中線反擊，在左手攤開對方攻擊的同時，右手日字衝拳打擊其面門（圖4-15）；也可以從對方的外側邊門切入，右手攤開對方的手臂，左手擊打其肋部要害（圖4-16）。

　　為了讓對方防不勝防，也可以上攤下打。面對對方的拳法攻擊，在上面用手攤開其手臂的同時，下面則起腿攻

圖4-16

圖4-17

擊其腰胯（圖4-17）。這種上面防守、下面攻擊的思想，也可以用於其他的技術中。

三、膀　手

詠春拳的力量來自腰馬，手臂要自然放鬆，這樣在實戰中可以變化更加靈活，如果手臂繃緊，既無法靈敏地感覺到對方力的方向，也無法迅速變化成相應的攻防技術去制敵。這一點在攤手、耕攔手、日字衝拳時如此，在膀手時更是如此。

運用膀手去消解對方的攻擊，手臂放鬆是怎麼強調都不為過的。不要手臂去用力碰撞對方的攻擊肢體，只要黏住攻擊肢體就行，運用腰馬的力量去化解其攻擊。由於膀手擅長防守對方的直線攻擊，所以在做膀手的時候，一般是配合腰馬的左右轉動，以獲得最佳的實戰效果。當對方的直拳擊打過來，我方運用右膀手防守的時候，配合腰馬

圖4-18

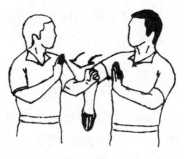

圖4-19

左轉來化解對方的攻擊力量
（圖4-18）；同樣的道
理，當運用左膀手時，則配
合腰馬向右轉。

　　在運用中可以根據對方
攻擊肢體位置的高低，膀手
上臂的位置也可以做相應的
調整，對方出手的位置高，
我方膀手的位置也要高（圖
4-19），如果對方出手的位

圖4-20

置低，我方也要相應地將膀手的位置放低（圖4-20）。這
也是為什麼在練習木人樁時，有高膀手、低膀手的變化動
作。

　　在實戰運用中，膀手可以配合其他的攻擊技術以獲得
更好的實戰效果。詠春拳中比較常用的就是在膀手時，配
合腿上的側撐踢技術，在防守時突襲對手。詠春拳稱這一
技術為「膀手撐腿」。尤其是在對付對方的長距離拳法攻

擊時，在膀手防守其拳法的
同時，出其不意地用腳踢擊
其膝關節（圖4-21），其
效果可想而知。

圖4-21

四、掌 法

詠春拳的拳是日字衝
拳，掌法有印掌、橫掌、底
掌。這三掌實際上只是一種
掌法，是由一種掌法變化為
三種不同的掌型。歸根到底其動作是由日字衝拳變化而
來，不過是將拳頭變成掌罷了，完成掌法的技術動作時要
嚴格遵照身體中線和肘底勁等要領去做。

詠春拳練習者按照日字衝拳的要領將手掌打出，在完
成手掌動作的過程當中，當手指向上時（圖4-22），我們
稱之為「印掌」；當手指向外側時（圖4-23），我們稱之
為「橫掌」；當手指向下時（圖4-24），我們稱之為「底
掌」。

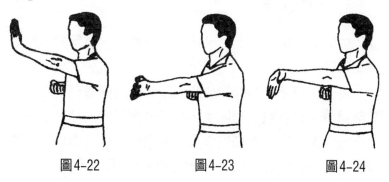

圖4-22　　　圖4-23　　　圖4-24

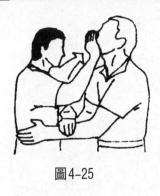

圖4-25

　　手掌在實戰中可以發揮日字衝 圖4-26
拳所不具備的優勢。運用印掌打
擊對方的下頜時，當打擊動作完成後，可以繼續施力向上
推擠對方下頜，使得其頭部上翹和後仰（圖4-25）；當運
用橫掌擊打對方的肋部時，在完成打擊動作後，還可以繼
續施力推其肋部，使其身體重心失去平衡（圖4-26）。

　　這就是詠春拳中為什麼要化拳為掌的原因之一。練習
者可以透過日字衝拳的使用技巧再配合掌法的特性，去領
悟出更多的掌法使用技巧。

五、抽撞拳

　　抽撞拳是由下向上，沿著弧形線抽上，攻擊對方的下
頜、咽喉、頭部。

　　這一點和拳擊的勾拳很像，但是使用的過程不同，勾
拳擊打時是由實戰姿勢開始，瞅準時機貓腰屈身，然後向
上挺身勾擊對方。而抽撞拳更注重拳頭的剛柔變化，在實
戰中直接由其他的攻防動作變化成抽撞拳擊打對方。

圖4-27

圖4-28

　　抽撞拳如果作為一記反擊型的拳法，往往會發揮料想不到的效果。前文已經講過，在實戰中，抽撞拳多是由膀手轉變而成使用，如無恰當時機，詠春拳練習者很少主動用抽撞拳來攻擊對方，這樣勝算不大。

　　除了上述的用法，抽撞拳可以用來迎擊對方近距離的猛力攻擊。當對方的拳頭從我頭部外側擊打過來時，由於距離短，不宜使用日字衝拳，那麼一記抽撞拳攻擊其頭部便是很好的反擊手段（圖4-27），以直挫橫反擊對手。

　　在近距離，抽撞拳配合相應的攻防技術，也可以起到很好的實戰效果。面對對方的直拳攻擊，我方在拍擊對方手臂的同時，向前貼近對手，拉近雙方的實戰距離，使用抽撞拳打擊其肋部（圖4-28）。

　　使用抽撞拳時要主動尋找適當的攻擊距離和角度。

六、標　指

　　標指的實用性是毋庸置疑的，雖然在擂臺上我們見不

到這一技術的運用。但是，這是由
於擂臺規則和拳手帶上拳套後無法
發揮手指威力的緣故所致。

圖4-29

在街鬥中，如果運用標指刺傷對
方雙眼，則可以迅速解決戰鬥。雖
然很多詠春拳練習者知道標指可以
用於攻擊對方雙眼，但是在使用
時，為了攻擊的順利實施，在一隻
手使用標指攻擊對方眼睛時，另一
隻手最好將對方的前鋒手封住（圖
4-29），防止對方發起防守動作。

另外，標指手要做到像眼鏡蛇一樣的速度，打對方一
個措手不及，才能起到實戰的效果。由於標指使用手指攻
擊，其力道不可能向拳和掌一樣迅猛，但是，標指比拳和
掌的攻擊距離都要遠，這樣，在同樣的距離，標指則會比
拳和掌更快到達攻擊目標表面。

標指除了可以攻擊對方的眼睛外，也可以攻擊對方的

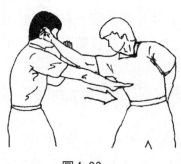

圖4-30

咽喉、腹部等柔軟部位。當
對方的直拳向我頭部擊打
時，我在閃避其拳頭的同
時，可以迅速用標指刺擊對
方腹部的脾、胃、肝等部位
（圖4-30）。

然而很少有人知道，標
指既可以用於進攻，也可以

防守對方的進攻。比如對方
左手握拳從外側掄擊我頭部
時，我方就可以右手運用標
指迅速前壓對方的左手臂，
同時左手握拳擊打其面門
（圖4-31）。

圖4-31

　　運用標指去防守，是發
揮以直挫橫的實戰技巧。運
用標指防守時，不是用手指去接觸對方的攻擊肢體，而是
用手掌根部或前臂。

七、耕　手

　　耕手在實戰中的運用，是用來防守敵方對我中路發動
的進攻。當對方用正踢腿蹬擊我腰腹部時，便可運用耕手
來防禦其攻擊（圖4-32）。按照常理來說，胳膊擰不過大
腿，以手的力氣怎麼可以防禦
住腿的攻擊？但這就是詠春拳
的奇妙之處。

　　我們如果從散打或自由搏
擊的角度去理解詠春拳的技
術，很難看到詠春拳的本來面
目。詠春拳非常講究剛柔的變
化技巧，當我們用手去防禦敵
方力量相當大的攻擊動作時，
要順著敵方的力量用相應的技

圖4-32

巧將其卸掉，將腰馬力施與手上，向外、向下撥擋敵方腿的氣力，但此時手仍然保持放鬆，去感覺敵方腿法做出的其他變化，我方再實施相應的攻防技術去應對。可以說，有一定基礎的詠春拳練習者都具備這種能力，這種能力是透過單、雙黐手的訓練獲得的。

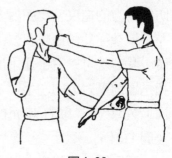

圖4-33

　　但是大多數情形下，耕手是配合打擊動作同時運用的，當敵方勾拳擊打我方腹部時，我方在運用耕手防禦的同時，另一手以日字衝拳擊打敵方的面門（圖4-33）。

八、耕攔手

　　耕攔手的運用需要相當的詠春拳功底，面對敵方的中上路進攻，在一隻手格擋的時候，另一隻手則施力去改變對方的用力方向，使其攻擊落空。耕攔手在運用中絕不是雙手合起來向一個方向用力硬接住對方的攻擊肢體。比如，對方用橫掃踢襲擊我中路，我方耕攔手沿中線截住對方的腿時，左拍手向外側、向下施力改變其踢擊的用力方向（圖4-34）。

圖4-34

　　一些高水準的詠春拳練習者，在運用耕攔手時，往往會配合轉馬動作，以起到最佳的實戰效果。比如，實戰中對方用橫踢進攻我方頭部時，我方在運用耕攔手格擋對方小腿時，同時配合轉馬動作，這樣既讓頭部從原位置移開，又同時用轉馬的力量化掉對方的腿法重擊之力。

　　以上是從防守角度去理解耕攔手。其實，耕攔手是一個化防守為攻擊的技術。

　　在上述我們講到的防守對方腿法攻擊的情形上，當我方在使用拍手畫掉對方攻擊力的時候，另外的耕手就要立即變化成相應的攻擊動作擊打對方；也可以是我方在使用耕手畫掉對方攻擊力的時候，另一隻拍手就要立即變化成相應的攻擊動作擊打對方。雙手配合嚴密，使對方迅速敗下陣來。

九、攦　手

　　攦手動作乍一看似乎和擒拿手差不多，其實不然，擒拿手重在「擒」與「拿」，攦手以拉制對方身體局部某一部位為目標，且擒拿手法名目繁多，不一而足。而攦手動作以整體拉制對方重心為己任。一旦搭上對方橋手後，即以腰馬和步法的靈活變化，或整體發放對方，或以順手牽羊的借力方式達到以弱勝強、「四兩撥千斤」的奇妙效果，再配合相應的擊打動作，可以起到一擊必殺的超強殺傷效果。

　　在實戰中，當對方使用左拳向我擊來時，我方右手採用攦手擒住其左手臂，並順著對方左拳的用力方向不斷施

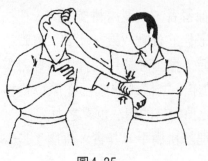

圖4-35

圖4-36

力牽拉，借對方的力「四兩撥千斤」，與此同時，我方右拳狠狠抽擊其面部（圖4-35）或用肘狠擊其心窩（圖4-36）。

圖4-37

按照同樣的技巧，也可以是在成功使用攦手擒住對方手臂、破壞對方重心的時候，起腳狠踢其腰胯，破壞其戰鬥力（圖4-37）。

在使用攦手時，不能將對方的肢體死死抓住不放，這樣對方用力反抗，將肢體回拉的時候，我方的身體就很容易被對方的力氣帶動起來，造成身體的平衡被破壞。握對方的力，應鬆緊適度，不可太輕，也不能過重，只有在有十足把握下才緊緊握住對方的肢體，這一般是在對方身體平衡被破壞時或來不及反抗時才如此。

十、正踢腿

詠春拳的腿法不多，因此，能夠被詠春拳採用的腿上技術肯定是有相當特點的。由於詠春拳善於用從中線發起攻擊，因此很大程度上決定了詠春拳的腿法是走直線的。直取對方在實戰時的身體中線，或從中線直取對方的要害。正踢腿從技術動作上講沒有很特別的動作方法，就是起腿後直接向前踢出。但是在運用中發揮的效果則不簡單，妙用無窮。

在運用中，要記住正踢腿是先求速度快，再求力量重，這樣方能充分發揮正踢腿的實戰效果。當對方起腳向我腿部襲擊時，我方就可以在抬腿躲避其攻擊的時候，運用正踢腿迎擊對方踢擊腿的膝關節（圖4-38）。這就要練習者在抬腿的同時直接使出正踢腿，將速度最大化。如果我方在抬腿後做完屈膝的動作，再挺胯將腿踢出，這樣雖然會增加踢擊的爆發力，但是早已錯失反擊對方的最佳時機。

使用正踢腿去破解對方快速的手法攻擊時，尤其要發揮出正踢腿快速的特點。當對方用右直拳攻擊我時，我方在使用雙手擒拿對方手臂的同時，右腳迅速踢擊其膝關節，使

圖4-38

圖4-39

圖4-40

其受創（圖4-39）。如果我方起腿稍慢，對方就會立即反抗，破解我方的擒拿。如果正踢腿的動作不夠簡單，也不可能配合上肢的技術一起使用。

　　大家可以看看泰拳的橫掃踢、散打的側踹，這些技術動作對身體，甚至是練習者的身體要求都比較高，因此，使用起來也會有一定的難度。

　　如果實戰中面對對方的拳法攻擊，我方在擒住對方的手臂時，以另一隻手擊打其面門，為了加強攻擊的效果，在雙手配合攻擊的同時，再同時使用正踢腿打擊其膝關節（圖4-40），無疑是對手如何也想不到的。

　　可以簡單隨意地將正踢腿用出來需要一定的功底和技巧，這需要詠春拳練習者勤習不輟。詠春拳高手在使用正踢腿時，只需要腰胯一抖就可以將腿踢出，其速度快若閃電，其力道入裏透內，足以踢斷對手的筋骨。

　　詠春拳前輩們常用踢擊牆袋來練習腿法，練習的動作

圖4-41　　　　　　　　　　　圖4-42

圖4-43　　　　　　　　　　　圖4-44

有正踢腿（圖4-41、圖4-42）和側撐腿（圖4-43）。另外，尚有踢擊三星椿的方法來練習腿法的靈活性。所謂的三星椿，是指按照等邊三角形的形狀在地上埋三根木椿，每根木椿露出地面至練習者腰部左右的高度。每根木椿之間的距離是練習者走路時兩個步幅左右的長度。練習者在練習時，站在三角形中間，然後用各種腿法交替踢擊三個方向的木椿（圖4-44～圖4-46）。練習時，要求動作要穩，要準。時間久了就加快速度，並體會力在腰胯的感覺。

圖4-45

圖4-46

十一、側撐腿

側撐腿的「撐」，主要是指起腿時用腰胯的外撐來發力。李小龍生前所善用的截踢就與詠春拳中的側撐腿極為相像。

實戰中，面對敵方起腿踢擊時，可以果斷以側撐腿截擊對方的腰胯，使其無法起腿（圖4-47）。

在詠春拳的攻擊技術中，側撐腿是攻擊距離最長的。在實戰中也可以發揮其距離長的特點，用側撐腿破解對方手法的攻擊（圖4-48），以長破短。

第二節　主動突襲的技巧

主動突襲，按照常用的說法就是主動攻擊，之所以叫做突襲，是因為在實戰中要求詠春拳練習者的攻擊技術動作要快速、突然，打對方一個措手不及，這樣才能產生良

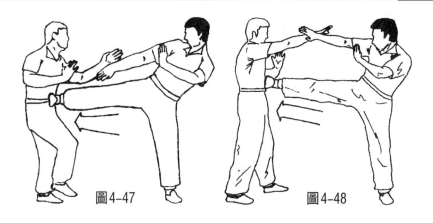

圖4-47　　　　　　　　　　　　　圖4-48

好的實戰效果。在實戰中，用於攻擊的應該是自己平時練得非常熟練的技術動作，同時技術動作也要簡單直接，這樣才能夠發揮出迅如閃電的速度，讓對方來不及躲避，然後再根據對方的反應進行有效的後續攻擊動作。

　　尤其在雙方都保持高度戒備、不敢貿然進攻的時候，若想採用主動攻擊的話，就要相當小心，稍有不慎，反而會被對方瞅準時間發起反擊。那麼，作為主動攻擊的一方，在整個攻擊的過程中，首當其衝的第一下打擊動作就顯得很關鍵。如果第一下的打擊動作起到預想的效果的話，那麼，接下來的第二下、第三下攻擊動作就能夠有機會順利實施，反之，第一下的攻擊失敗，很容易讓自身陷於被動，被對方反擊。

　　在詠春拳中，可以用於實戰的技術有很多，但是，使用頻率比較高的技術則只有幾個而已。就像散打一樣，散打的技術動作非常多，踢、打、摔、拿無所不包，但是在擂臺上用得最多的不過是直拳、邊腿、側踹這些技術罷

圖4-49　　　　　　　　圖4-50

了，其他的技術動作則是根據
不同的時機來配合這些技術運
用，以起到更完美的實戰效
果。

一、利用標指突襲

當詠春拳練習者以右手置
前站立時，利用肩膀的力量將
前手如同毒蛇般向前疾射，右

圖4-51

手成標指姿勢觸及對手的眼睛（圖4-49）。在運用標指
時，手臂要放鬆，如同離弦之箭一般借助肩膀的彈抖之力
向前彈射，標指求快不求重力，這樣可以充分發揮出標指
的主動攻擊中的優勢。

在實戰中，當詠春拳的一記前手標指攻擊奏效後，可
以利用腰膀的回轉帶動左手以日字衝拳攻擊對方的面門，
然後再以右手日字衝拳重擊對方（圖4-50～圖4-53）。

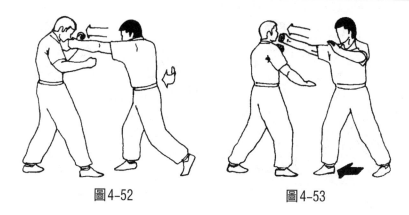

圖4-52　　　　　　　　　圖4-53

　　在使用左右日字衝拳連續攻擊時，要求比標指的速度更快，一招快過一招，一招狠過一招，使對方無法抵擋。值得注意的是，由於標指的攻擊距離比日字衝拳的攻擊距離長，因此，在使用日字衝拳時，身體應向前滑步，以拉近雙方的攻擊距離，同時利用身體前衝的慣性來增加日字衝拳的打擊力度。

二、利用日字衝拳突襲

　　利用右手日字衝拳突襲對方也是很好的方法，打擊時不要幼稚地以為可以一拳將對手打倒，應該把重點放在後續的擊打動作上，用右手日字衝拳做鋪墊，讓後續的連續攻擊動作順利實施（圖4-54—圖4-56）。

圖4-54

圖4-55　　　　　　　　　　圖4-56

圖4-57　　　　　　　　　　圖4-58

　　突襲對方時一定要看對方的反應，這樣才能起到實實在
在的攻擊效果。雖然在攻擊時總想一下子就擊中對方，但是
難免會被對方躲開。比如，詠春拳練習者用右手日字衝拳攻
擊對方頭部時，對方利用身體的後閃輕易地躲開攻擊，此
時，詠春拳練習者應該根據對方的身體變化來做出有效的後
續攻擊，趁對方此時下盤暴露的瞬間，以左正踢腿攻擊對方
的右腿膝關節，則可以一擊即中（圖4-57～圖4-59），然
後再迅速進行有效的連環攻擊。

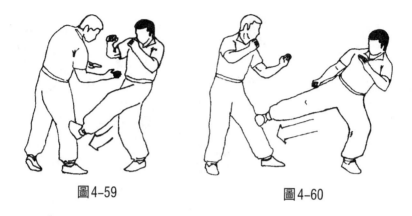

圖4-59　　　　　　　　　　　圖4-60

三、利用側撐腳突襲

在遠距離中，詠春拳練習者可以用在前面的一條腿，以側撐腳突襲對方的膝關節（圖4-60）。在踢擊敵方的膝關節時，不要將右腳提膝回收至腹部後再爆發性用力蹦擊目標，這樣雖然加強了踢擊的爆發力，但是延長了攻擊的時間。直接將腳抬離地面沿直線攻擊目標，既簡單又直接，使對方很難躲閃側撐腳的攻擊，然後根據對方的反應再補充相應有效的攻擊動作。

主動突襲時不能把側撐腳作為重擊型的腿法運用，最大的特點就是快，快到對方躲閃不及，然後再配合相應的手法等技術連續攻擊對方，但是，需要主動將雙方從腳攻擊的距離拉近到手法可以攻擊的距離上。在實戰中，詠春拳練習者使用側撐腳準確攻擊目標後，如果想要配合手法技術再連續攻擊對方，不要將腳收回到原來的起腳位置，而是直接落地到對方的前腳附近，在落地的同時，身體重心前移，右手以

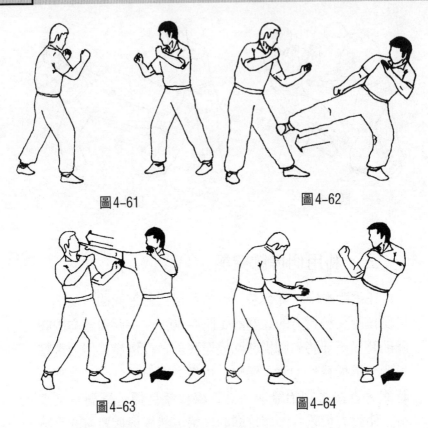

圖4-61　　　　　　　　　圖4-62

圖4-63　　　　　　　　　圖4-64

標指手直擊對方的面門（圖4-61～圖4-63）。

四、利用正踢腿突襲

　　正踢腿和泰拳的前蹬腿功用有些相似，用於主動攻擊和阻截敵方的進攻十分有效。在遠距離中，詠春拳練習者突然抬起離對方最近的一條腿，用正踢腿攻擊其小腹或腰胯（圖4-64）。這樣，哪怕對方已經有了攻擊的意圖，也可以將敵方的攻擊策略挫敗。

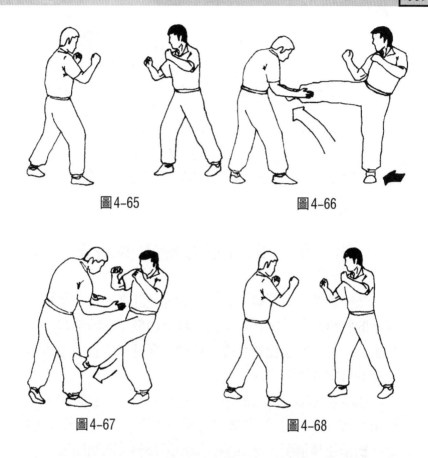

圖4-65　　　　　　　　　圖4-66

圖4-67　　　　　　　　　圖4-68

　　在實際運用中，正踢腿很難達到一擊必殺的理想效果，它是為後續攻擊鋪路的基石。練習者可以在右腳完成正踢腿攻擊後，再用左腳實施正踢腿攻擊對方的前腿膝關節（圖4-65～圖4-67）。

　　也可以在右腳完成正踢腿攻擊後將腳直接下落，同時向左扭腰轉跨，催動左日字衝拳攻擊對方的面門（圖4-68～圖4-70）。

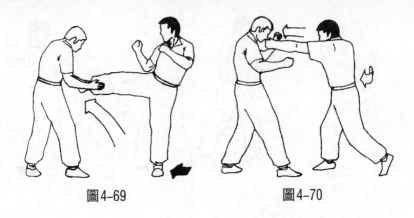

圖4-69　　　　　　　　　　圖4-70

第三節　貼身近戰能力的培養

　　詠春拳從技術上講，最擅長的就是貼身近戰，這是詠春拳的特色所在。詠春拳中很有特色的攤手、膀手等等技術動作，就是為了便於詠春拳練習者在貼身近戰中發揮出良好的實戰效果。

　　詠春拳在貼身攻擊的策略上很有一套。一般來講，近距離實戰中雙方主要攻擊的目標集中在人體的上盤與中盤。根據這種情況，詠春拳創造出獨特的「四門原理」。書中前面已經講過「四門原理」，這裏就不再講了，具體講一下「四門原理」如何在實戰中成功地制服對手。四門原理是給初學者一個可以尋覓的路徑和練習的方法，在初學的時候，面對攻擊不知道如何應變，就可以根據四門原理來指導我們做出相應的防守和反擊。

　　詠春拳練習者欲在實戰中成功地制服對手，除了懂得熟練地運用「四門原理」，還有一個最基本的原則，就是

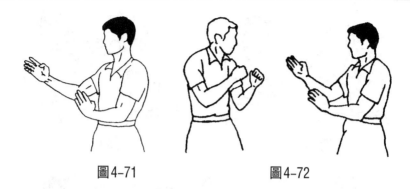

圖4-71　　　　　　　　　　圖4-72

雙手始終要置於有利的進攻與防守反擊位置（圖4-71），雙手一前一後置於胸前，便於進攻與防守。

　　對於沒有經過實戰的初學者來說，在進行貼身近戰技術練習時，首先，要培養敢於面對貼身狀態下進行實戰的勇氣，如果沒有這種勇氣，在心理上有畏畏縮縮的障礙的話，則什麼技術都無法發揮出來。有了勇氣，接下來再去追求有效的貼身近戰和反擊的技術，透過千萬次的貼身近戰技術的訓練，將各種有效的貼身技術形成一種本能動作，在實戰中不假思索地做出來，繼而練成強大的貼身近戰的實戰能力，有了這種能力後，就會超越技術動作上的束縛，隨心所欲地發揮。

一、拍手／日字衝拳

　　（1）實戰中，對手擺出右手在前的搏擊實戰姿勢，我方以詠春拳右問路手的姿勢與其對峙（圖4-72）。

　　（2）當覺察到對手將左手回收欲出拳擊打我方腹部時，我方將左手略下按做出相應的防守策略並試探對方的

圖4-73　　　　　　　圖4-74

圖4-75　　　　　　　圖4-76

攻擊（圖4-73）。

（3）此時，對手見我方高外側門露出空檔，便以一記右手直拳果斷朝空檔攻擊。我方迅速以右拍手防守住對方的進攻，同時以左手日字衝拳反擊，狠狠擊中對方的面門（圖4-74）。

二、雙拍手／日字衝拳

（1）實戰中，對手直接衝過來一個右腳橫踢向我方頭部左側，我方雙手立即同時動作，雙手在保護頭部要害的同時格擋對方的踢擊（圖4-75、圖4-76）。

（2）幾乎在我方阻擋對方攻擊的同時，立即滑步向前貼近對手用以消解對方的踢擊力道，並在貼近對方後用右手按住其右肩，同時以左手日字衝拳擊打對方的肋部（圖4-77）。

圖4-77

三、攤手／日字衝拳

（1）實戰中，對手拉低右手想攻擊我腹部，我方有意將雙肘略下沉，做好防守準備，使對方無從下手（圖4-78、圖4-79）。

（2）對方右手從下向上，企圖繞過我方的防守擊打我方頭部左側，我方在用左攤手截住對方的右手拳的同時用右手拳擊打他的面門。此時對方的門戶大開，一擊必中（圖4-80）。

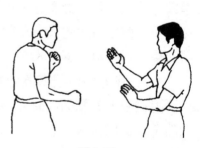

圖4-78

圖4-79

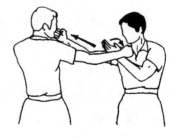

圖4-80

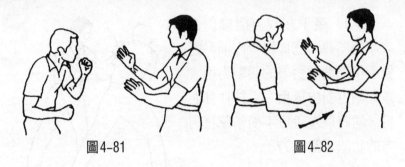

圖4-81　　　　　　　　　　　圖4-82

四、襟手／日字衝拳

（1）對手在實戰中略向
下彎曲腰身，做好攻擊發力的
準備，然後突然腰身直立，迅
速轉腰挺髖用右手向我方左肋
部勾擊（圖4-81、圖4-82）。

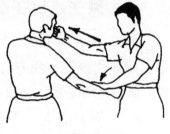

圖4-83

（2）我方要做出準確判斷，在對方發力之前，以左
襟手阻截對方勾擊的同時，右手直接一個日字衝拳擊打其
面部（圖4-83）。

五、耕手／日字衝拳

（1）實戰中，對手誇張地擺出一個左手在前的空手
道實戰姿勢，右手則握於腰間，上半身略向右轉蓄勢準備
出拳（圖4-84）。

（2）對方突然身體左轉，右拳也同時從腰間向前擊
出（圖4-85）。

圖4-84　　　　　　　　圖4-85

圖4-86　　　　　　　　圖4-87

（3）當看到對方以一個弓步下衝拳的動作擊打我腹部時，我方迅速用左耕手格擋住對方的進攻，同時用右手日字衝拳反擊對方的面門（圖4-86）。

六、耕手／抽撞拳

（1）實戰中，對方用右手衝拳向我右肋部進攻，我方迅速用右耕手格開對方的右拳（圖4-87）。

圖4-88　　　　　　　　圖4-89

（2）我方再迅速用左拍手牽制住對方的右手臂，防止對方的再次進攻，同時將右手回收（圖4-88）。

（3）我方幾乎在封住對方右手中位衝拳的同時，用右手翻臂拳狠狠抽擊對方的右側面部要害（圖4-89）。

七、拂手／標指

（1）實戰中，對方左手下拉蓄勢發力，突然一記左手上勾拳向我身體右側肋部打來，此時我方已經洞察其意圖，不待對方勾拳擊打到我身體，迅速用採右手標指戳擊對方的眼睛，以攻止攻（圖4-90—圖4-92）。

（2）對方一擊不能奏效，立即改換戰術，用右手

圖4-90

圖4-91　　　　　　　　圖4-92

圖4-93　　　　　　　　圖4-94

再次發動攻擊（圖4-93）。

　　（3）當對方用右手直拳向我頭部左側進攻時，我方用左拂手封阻住對方的直拳，同時以一記右手標指直搗對方面門（圖4-94）。

八、襟手／抽撞拳

　　（1）實戰中，對手擺出右手下垂於體前的搏擊實戰

圖4-95　　　　　　　圖4-96

圖4-97　　　　　　　圖4-98

姿勢，突然滑步向我身體貼近，出其不意地用右手發動攻擊，我方迅速做好防守反擊的準備（圖4-95、圖4-96）。

（2）當對方拳頭即將擊中我方頭部右側要害之時，我方順勢以右攤手將對方右拳截住（圖4-97）。

（3）對方一擊不成立即換成左手下勾拳擊打我方右肋（圖4-98）。

（4）我方迅速採用左窒手封住對方的右勾拳，同時已經抬起的右手變換成翻臂拳擊打對方的面門（圖4-99）。

圖4-99

九、膀手／日字衝拳

（1）實戰中，對方一個前手日字衝拳直衝過來，我方不慌不忙，用右攤手將其阻擋（圖4-100、圖4-101）。

（2）不料對方右手反抓我右前臂，並欲用左手拳再次攻擊我面部，我方左手立即上抬做好防禦和反擊的準備（圖4-102）。

（3）當對方左拳向我頭部擊打過來時，我方右手在被對方抓握的情況下變成高膀手向左格擋對方的拳頭，同時左手配合右高膀手向左格擋對方的拳頭（圖4-103）。

圖4-100

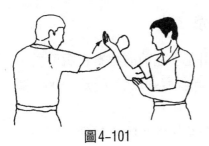

圖4-101

圖4-102

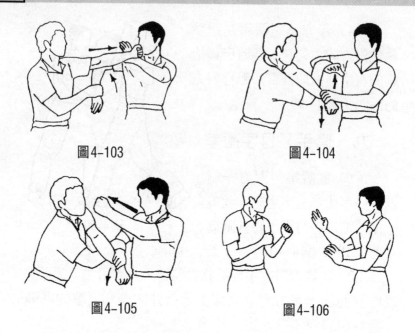

圖4-103　　　　　　　圖4-104

圖4-105　　　　　　　圖4-106

（4）我方變被動為主動，左手抓住對手的左手腕向下牽拉，同時右手帶動對方的右手上提，透過上提下拉將對手的雙臂交錯在一起（圖4-104）。

（5）我方右手抓握住對方的右手腕，同時將左手撤出變成日字衝拳擊打對方的面門，對方無從反抗（圖4-105）。

十、襟手／連環衝拳

（1）實戰中，對手擺出左手在前的搏擊實戰姿勢，迅速向左蹬腿轉腰帶動右拳向我發動攻擊（圖4-106、圖4-107）。

（2）我方不待對方的右拳接近我的身體就一個右窒

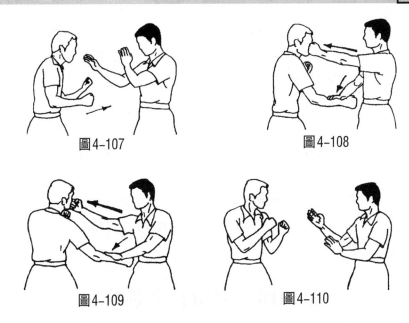

圖4-107　　　　　　　　圖4-108

圖4-109　　　　　　　　圖4-110

手將其阻截，同時左手日字衝
拳直擊對方的面部要害（圖
4-108）。

（3）當對方利用左拳向
我頭部再次發動進攻時，我方
用左拍手防守對方的拳頭，同
時用右手翻臂拳直接反擊對方的面部（圖4-109）。

圖4-111

十一、膀手／抽撞拳

（1）實戰中，我方以右問路手的姿勢與敵對峙。當
對方左手勾拳突然發動進攻的時候，我右手低膀手將其阻
截（圖4-110、圖4-111）。

圖4-112　　　　　　　　圖4-113

（2）不給對方再次攻擊的機會，我方立即用左攤手牽拉對方左臂，同時右手翻臂拳抽擊對方的面部（圖4-112、圖4-113）。

第四節　常用實戰策略

詠春拳的實戰策略不是單指實戰中的技戰術運用，還要清晰地認識到詠春拳與眾不同的實戰技術動作，技戰術要能夠與詠春拳獨有的技術動作相配合。實戰策略是對練習者的技術特點、技戰術、技術動作等配合運用的統稱，這三者在實戰中是密不可分的有機整體。

不論是主動攻擊，還是防守反擊；不論是打擊技術，還是擒摔技術；不論是遠距離，還是貼身近戰等等，都要根據練習者的技術特點及練習水準、對手的技術特點、實戰中的具體情形來做出有針對性的實戰策略。

實戰中，實戰策略的有效性與否，這和練習者的實戰經驗、技術水準有很大關係。練習者可以先練好基本功，在基本功熟練後與同伴由慢到快進行練習。先從很慢的動

作速度開始進行進攻與防守技術運用的對練，然後不斷加快速度，在瞭解各個攻防技術如何使用後，可以在有安全保障的情形下進行遊戲性質的模擬實戰，直到手腳的力道可以控制、技術動作可以隨心發揮後，再進行真實激烈的實戰對抗。

透過這個過程，練習者就可以慢慢積累對實戰的感覺、對技術有效運用的深刻認識，鞏固實戰的對抗能力。如此就懂得實戰策略的意義和運用，在實戰中，就懂得和對方怎麼打、用什麼打、什麼時機打等等。

下面的實戰運用舉例，目的是讓練習者在訓練中模仿這些戰例與同伴進行幾百次乃至幾千次的重複練習，通過這種練習中的切身體會來加強對詠春拳的技術特點、技術方法、技術運用等方面的認識和動手能力。任何技術動作，不通過自己動手實踐，很難體會到在實戰中是什麼樣的，和想像當中多少會有些不同。另外，同樣的技術，個子高的和個子矮的、瘦的和胖的、速度慢的和速度快的，用出來的效果也會不一樣。也就是說，下面的舉例，重點是讓練習者模仿這些戰例進行練習，在練習中，把這些戰例再舉一反三，靈活變化，獲得實施實戰策略的能力，而不是講幾個實戰的例子，讓大家去死記迂腐無用的理論。詠春拳突出的是實戰中的動手能力。

一、攤手／攔手／正踢腿

（1）敵我雙方對峙。當對方用右手直拳攻擊過來時，我方本能地用右攤手從對方的右臂外側向內化解對方

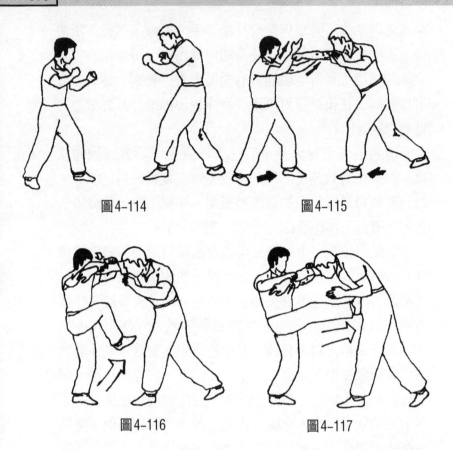

圖4-114　　　　　　　　圖4-115

圖4-116　　　　　　　　圖4-117

的攻擊力（圖4-114、圖4-115）；

　　（2）不待對方將右拳收回，雙手順勢變成攤手擒住對方的右手臂後拉，使其身體前傾，乘此時機，我方抬起右腳，用右正踢腿攻擊對方的腹部（圖4-116、圖4-117）；

　　（3）我方為了迅速將對方挫敗，再用左右連環日字衝拳連擊對方的頭部，使其倒地不起（圖4-118、圖4-119）。

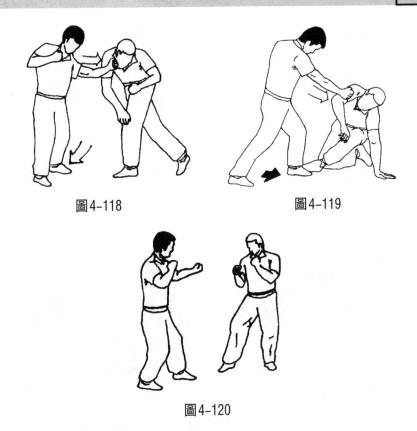

圖4-118

圖4-119

圖4-120

二、攤手衝拳（攤打）／正踢腿

（1）實戰中，對方跨步向我接近，且右手蓄勢待發，欲狠擊我方身體（圖4-120）；

（2）因為已經覺察出對方的意圖，當對方的右拳攻擊過來時，我方雙手同時配合，一邊用右攤手防禦對方的攻擊，一邊用左日字衝拳擊打對方的頭部（圖4-121、圖4-122）；

圖4-121　　　　　　　　圖4-122

圖4-123　　　　　　　　圖4-124

（3）我方不給對方有喘息的機會，迅速抬起右腳，以正踢腿狠狠踢擊對方的右腿膝窩，使其因為右腿受傷而失去戰鬥能力（圖4-123、圖4-124）。

三、護手／攤手衝拳／側撐腿

（1）實戰中，當對方猛衝過來時，我方將成護手姿勢的右手略高抬，做好頭部的防禦工作（圖4-125、圖4-

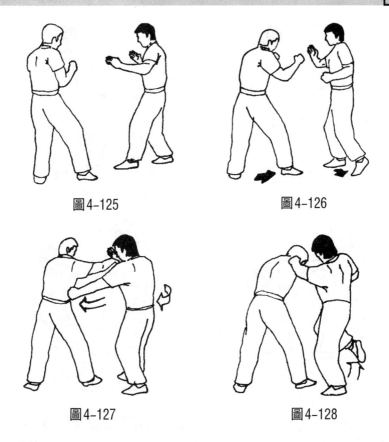

圖4-125　　　　　　　　　　　圖4-126

圖4-127　　　　　　　　　　　圖4-128

126）；

　　（2）當對方的右手以直拳猛擊過來時，我方在向左閃躲的同時，雙手積極配合，右手以攤手防禦對方的右直拳，左手以日字衝拳打擊對方的右肋（圖4-127）；

　　（3）我方順勢用右攤手擒住對方的右臂向其身體的前方猛拉，左手拽住對方的右肩配合用力拉動對方的身體（圖4-128）；

　　（4）我方立即將右腳屈膝收回，然後迅速挺胯，伸

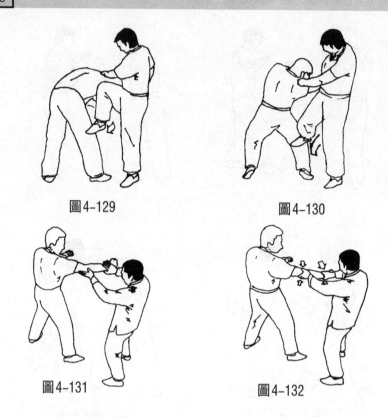

圖4-129

圖4-130

圖4-131

圖4-132

腿，以右撐腿踹擊對方的右膝窩，使其向前撲倒在地（圖
4-129、圖4-130）。

四、擸手／正踢腿／掃肘

（1）實戰中，當預先觀察出對方要用右手攻擊時，
在對方右手攻擊的瞬間，我方左右雙手順勢以擸手擒住對
方的右手臂（圖4-131、圖4-132）；

（2）利用牽拉對方的手臂來造成其身體的重心不
穩，並立即抬起右腳，用正踢腿來踢擊對方的右肋或右大

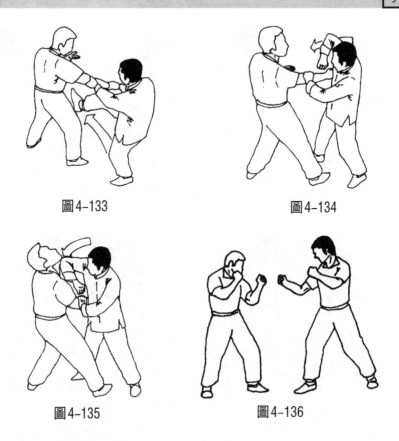

圖4-133

圖4-134

圖4-135

圖4-136

腿（圖4-133）；

（3）我方右腳完成踢擊後不收回原地，直接下落到對方的身體中門，同時右手屈臂抬肘，用肘尖狠狠撞擊對方的面門（圖4-134、圖4-135）。

五、側撐腿／攤手衝拳／日字衝拳

（1）實戰中，敵我雙方處於拳法的攻擊距離內（圖4-136）；

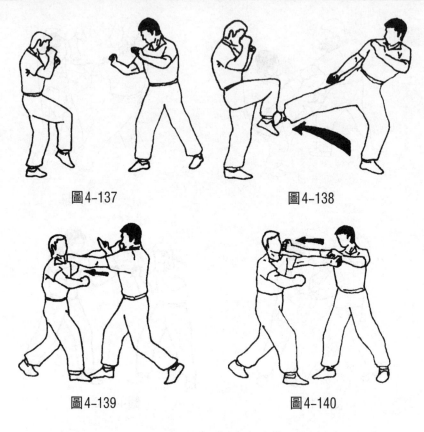

圖4-137

圖4-138

圖4-139

圖4-140

（2）對方出其不意地使用腿法向我攻擊，在對方右腿抬起的時候，不論對方將會使用什麼腿法攻擊，我方立即用右側撐腿阻截其攻擊（圖4-137、圖4-138）；

（3）對方一擊不成，改用左手直拳攻擊過來，此時，我方用右攤手進行防禦，並以左日字衝拳攻擊其面部（圖4-139）；

（4）不待對方的下一次攻擊過來，我方腰胯右轉，催動右手以日字衝拳重擊對方的頭部（圖4-140）。

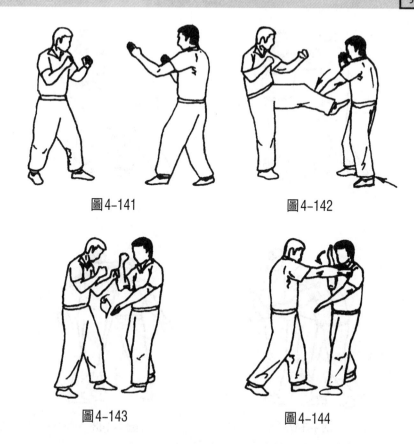

圖4-141　　　　　　　　圖4-142

圖4-143　　　　　　　　圖4-144

六、下耕手／耕攔手／殺頸手

（1）實戰中，對方抬起左腳向前踢擊我方腰部的位置，我方左手在使用下耕手防禦對方踢擊的同時，稍微用力將對方的左腿由右向左用力撥開，使其來不及快速將腿收回（圖4-141、圖4-142）；

（2）對方左腿在落下後，用右直拳攻擊我方頭部，我方立即以耕攔手化解其攻擊（圖4-143、圖4-144）；

圖4-145　　　　　　　圖4-146

圖4-147　　　　　　　圖4-148

（3）我方在耕攔手的基礎上順勢以左手擒住對方的右臂實施牽拉，同時右手成殺頸手劈擊對方的右側頸動脈（圖4-145）；

（4）為了將對方徹底擊敗，我方一鼓作氣，右手順勢箍住對方的頸部實施膝撞，再起左肘橫掃對方的頭部（圖4-146～圖4-148）。

圖4-149　　　　　　　　　　圖4-150

圖4-151

七、膀手撐腿／殺頸手／攔手／日字衝拳

（1）在實戰中，對方突然左手直拳向我襲擊，我方在用右膀手消解其攻擊的同時，配合右側撐腿反擊其左腿膝關節或小腿（圖4-149、圖4-150）；

（2）我方右腳在完成踢擊後直接向前落地貼近對方的身體，同時用左攔手擒住對方的左手腕阻礙其手臂回收。由於對方的左手不能順利回收，導致頭部要害暴露，此時用右殺頸手砍擊對方的咽喉（圖4-151）；

圖4-152　　　　　　　圖4-153

（3）如果此時對方的左手還沒有來得及收回去，仍被我方擒住，就迅速以右臂由外向內砸擊對方的左肘關節（圖4-152）；

（4）再迅速將身體右轉，以腰胯之力催動左日字衝拳擊打對方的面門（圖4-153）。

後 記

由於鄙人才疏學淺，在創作過程中絞盡腦汁也寫不出一個能打十個的絕學秘傳來取悅大家，也無法用高深的哲理和華麗的語句去渲染詠春拳來博取大家的好奇心。只能做到如實反應詠春拳的本來面目，和淺談一些自己對詠春拳的粗淺認識，以求對得起創立和繼承發揚詠春拳的歷代先輩們。

自電影《葉問》放映後，國內的詠春拳大師如雨後春筍般密密麻麻地冒出來了，這對詠春拳的發展與推廣是一件大好事。書中的某些觀點不可能和所有的大師們都一致，還請海涵，並提出中肯的意見，不勝感激。

歡迎到筆者的博客交流武術：http://blog.sina.com.cn/huangtao9

國家圖書館出版品預行編目資料

詠春拳／黃 濤 編著
——初版，——臺北市，大展，2015〔民104.03〕
面；21公分 ——（詠春拳；1）
ISBN 978－986－346－061－9（平裝）
1.拳術 2.中國
528.972 103028039

詠 春 拳

編 著 者／黃 濤
責任編輯／朱 曉 峰
發 行 人／蔡 森 明
出 版 者／大展出版社有限公司
社 址／台北市北投區（石牌）致遠一路2段12巷1號
電 話／（02）28236031・28236033・28233123
傳 眞／（02）28272069
郵政劃撥／01669551
網 址／www.dah-jaan.com.tw
E - mail／service@dah-jaan.com.tw
登 記 證／局版臺業字第2171號
承 印 者／傳興印刷有限公司
裝 訂／承安裝訂有限公司
排 版 者／弘益電腦排版有限公司
授 權 者／北京人民體育出版社
初版1刷／2015年（民104年）3月

售 價／330元

大展好書　好書大展
品嘗好書　冠群可期